亞斯伯格症
——教育人員及家長指南

楊宗仁 🌱 總校閱

楊宗仁、張雯婷、楊麗娟 🌱 譯

Asperger Syndrome
A Guide for Educators and Parents

SECOND EDITION

Brenda Smith Myles
Richard L. Simpson

pro·ed
An International Publisher

© 1998, 2003 by PRO-ED, Inc.
8700 Shoal Creek Boulevard
Austin, Texas 78757-6897
800/897-3202   Fax 800/397-7633
www.proedinc.com

Complex Chinese Edition Copyright© 2005 by Psychological Publishing Co., Ltd.

關於作者

布蘭達‧史密斯‧麥爾斯（Brenda Smith Myles）

　　特殊教育學系副教授，堪薩斯大學自閉症族群障礙研究所副主任，她已經撰寫無數以自閉症和亞斯伯格症為主題的書籍和文章，也已經以此為主題在全國各地發表演說，麥爾斯也是期刊 *Intervention in School and Clinic* 的編輯。

理查‧辛普森（Richard L. Simpson）

　　堪薩斯大學特殊教育與學校心理學系的教授，並且擔任堪薩斯大學醫學中心特殊教育課程的代理主任。他曾擔任過特教教師、學校心理師和臨床心理師，他是專業期刊 *Focus on Autism and Other Developmental Disabilities* 的資深編輯。

譯者簡介

楊宗仁（總校閱、第三章翻譯）

【學歷】美國加州柏克萊大學特殊教育哲學博士
美國舊金山州立大學特殊教育哲學博士
【經歷】國立臺北教育大學特殊教育學系副教授
【專長】自閉症／學習障礙
【重要著作與譯著】

著作：《行為與情緒評量表》
《自閉症青少年「執行功能」系列研究》
譯著：《自閉症者家長實戰手冊：危機處理指南》（合譯）
《亞斯伯格症者實用教學策略：教師指南》
《亞斯伯格症：教育人員及家長指南》（合譯）
《自閉症學生的融合教育課程：運用結構化教學協助融合》（合譯）
《做・看・聽・說：自閉症兒童社會與溝通技能介入手冊》（合譯）
（以上皆為心理出版社出版）

張雯婷（第二、四、五、六章翻譯）

【學歷】美國華盛頓大學特殊教育研究所碩士
國立臺灣師範大學特殊教育學系學士
【經歷】幼稚園特教老師
國小特殊教育老師
臺北市自閉症巡迴輔導老師
臺北市情緒行為問題專業資源教師
【現任】臺北市立懷生國中特教教師

楊麗娟（第一章翻譯）

【學歷】東吳大學英文系學士
【經歷】外商公司業務秘書
　　　　小學代課老師
　　　　國立臺北教育大學特殊教育中心自閉症兒童最佳實務模式教師
　　　　臺北市私立自閉症療育發展中心團體班教師暨組長
　　　　財團法人中華民國自閉症基金會教學組長暨教師
【現任】人幼國際諮詢有限公司顧問

序

　　距離維也納精神科醫師漢斯‧亞斯伯格發表一系列描述一群帶有獨特社交障礙兒童的文章，已經超過五十年之久（Asperger, 1944），他所描述的這個障礙一直以他的名字為人所知——亞斯伯格症，數十年來，這個名詞主要被用在歐洲的特定地區，實際上完全沒有在美國被提及。如今時代改變了，目前亞斯伯格症在全球已被使用來描述具有明顯社會性與語言特徵的個體，他們同時在生活中的某些領域展現一般性的發展與功能。的確，過去幾年當中，被鑑定為亞斯伯格症的兒童與青少年在數量上早已顯著地增加。

　　除了美國與加拿大地區，亞斯伯格症這個診斷名詞的使用率大幅增加，以及父母、家庭和專業人員可預測的興趣之外，對於這個障礙的了解實在是少得可憐。這種了解的缺乏與對此障礙資訊的缺乏，包括它和其他「類自閉症」（autistic-like）症狀的關係有直接相關，很清楚的是父母與專業人員都一樣，他們掙扎地想要學習更多關於亞斯伯格症，特別是那些能夠協助此一障礙的兒童與青少年的有效方式。不幸的是，甚少有資源能夠滿足大家對亞斯伯格症相關資訊大量成長的需求。

　　對於亞斯伯格症基本資訊的需求是撰寫本書的基礎，我們希望寫一本讓專家和外行人都能輕易看得懂的書，此一書籍要能夠提出和具有這個障礙的兒童與青少年特質相關的基本議題，而且要能夠勾勒出提升亞斯伯格症兒童與青少年在家中、學校與社區中的成長與發展的

基本模式。

　　本書共有六個章節，第一章提供亞斯伯格症的概觀，包括定義與特徵；第二章聚焦在亞斯伯格症學生的教育評量與計畫；第三章提出強化學業的基本方法；而第四章則將重點放在適合於亞斯伯格症兒童與青少年的行為管理方法；第五章提供增進社會性技巧教學的資訊與建議；最後，第六章探索亞斯伯格症對家庭的影響，這一章是由幾位選擇不透漏名字的家長所撰寫。每一個章節都以直接的風格書寫，本書包含了最少的文獻探討，參考書目也只在需要時呈現，雖然這樣的策略會有一些潛在的問題，但我們仍為了本書使用者的方便性與易讀性而這麼做。

　　本書只提及兩位作者的名字，但有許多人參與了本書的撰寫。我們的同事茱蒂‧卡爾森（Judieh K. Carlson）博士提供了數個章節的建議與想法，蘿拉‧卡本特博士（Laura B. Carpenter）對於通行卡的發展與使用有所貢獻，薇納芮‧瑞克斯（Valerie Janke Rexin）小姐、伊麗莎‧格納（Elisa Gagnon）小姐、艾德娜‧史密斯（Edna Smith）博士與凱薩琳‧庫克（Katherine Tapscote Cook）小姐則負責撰寫書中的幾個案例，而若沒有吉尼‧必德夫（Ginny Biddulph）所提供的文書支持，本書永遠無法完成。最後，但絕不是最不重要的，我們感謝提供關於他們生活與需求的亞斯伯格症兒童與青少年和他們的家長，因為這是我們靈感的來源。

譯序

　　本書的翻譯是因為最近國內有愈來愈多的亞斯伯格症學生，亟需一本以其教育需求為主的書籍來協助他們的學校學習；雖然先前已有幾本相關譯著問世，但本書的內容聚焦於學校教育，有其特別的貢獻，對於教師助益甚大。而且作者之一理查‧辛普森曾於民國九十年來台演講二天，本人擔任其翻譯，對於其淵博的學識與幽默的人格極為讚賞，因此決定翻譯其著作，但理查‧辛普森告知本書即將印行第二版，不必急於翻譯，因此拖延至今才譯出。

　　我很高興能夠與張雯婷老師再度合作翻譯，由於先前愉快的合作經驗與翻譯默契，此次的合作就更好了；我也很高興楊麗娟老師能夠加入翻譯的陣容，她與她先生都是東吳大學英文系畢業，英文與中文的造詣甚佳，譯筆流暢，為本書增色不少。

　　我更加感謝心理出版社協助我們取得國外的版權，也感謝他們對我們譯稿一再拖延的體諒與容忍，在此致上最高的謝意與敬意。

楊宗仁

書於國立台北師範學院特殊教育中心

目　錄

CONTENTS

CONTENTS
CONTENTS

CONTENTS

CONTENTS

亞斯伯格症
教育人員及家長指南

CONTENTS

表　次

CONTENTS
CONTENTS

亞斯伯格症
教育人員及家長指南

016

CONTENTS

圖　次

CONTENTS

第一章

認識亞斯伯格症

　　一九四四年，一位維也納醫生漢斯‧亞斯伯格（Hans Asperger）發表了他的碩士論文「兒童期的自閉精神病」（"Autistic Psychopathy" in Childhood），這篇論文是在闡述一群罹患長期有著神經發展上社會性顯著障礙的兒童。這個障礙就是目前所稱的「亞斯伯格症」（Asperger Syndrome），當時這個症狀尚未引起太多人的注意，數十年來大家對它確實所知有限；不過，今日它已經成為很多人關注的焦點，也是家長們、教育工作者和專業人員們時常掛在嘴邊的一個名詞。

　　一九四四年，亞斯伯格在他早期的著作中，曾經描述四個具有社會孤離和笨拙傾向的兒童。除了上述社會性特質之外，這四個兒童還呈現了一些「典型的自閉症行為」，如自我刺激和對環境一致性的堅持。不過，和其他自閉症兒童不同的是，他們通常具有正常的智力和語言發展能力。因此，亞斯伯格推論，有這種缺陷的人是屬於另一種診斷類別。儘管亞斯伯格對於「亞斯伯格症」兒童的最初定義做過數次的修正，但是臨床特徵仍然不變，所以一些研究者和作者如 Wing（1981）、C. Gillberg（1989）、Frith（1991）、Volkmar、Klin 和 Cohen（1997）、Klin、Volkmar 和 Sparrow（2000）一致認為，「亞斯伯格症」的特徵是禁得起時間的考驗。

　　過去十年來，家長和專業人員們已經對亞斯伯格症有普遍的認知和體驗。大家之所以對這個症狀產生高度注意，並對一群具有某種缺陷的個案投注大量興趣的原因是，直接和亞斯伯格症被

認定為廣泛發展障礙中的次要類別有關係；美國精神醫學學會出版的刊物《美國心理疾病診斷和統計手冊第四版》（Diagnostic and Statistical Manual of Mental Disorders-Fourth Edition, DSM-IV; American Psychiatric Association, 1994），以及和其相當的國際分類系統《國際性疾病和相關健康問題國際統計分類第十版》（International Statistical Classification of Diseases and Related Health Problems, ICD-10; World Health Organization, 1992）都是如此認定。不過，雖然對此症狀的興趣一直在增加，但是對亞斯伯格症的了解還是明顯的不足。

　　例如，有關亞斯伯格症獨一無二特徵的明確性一直混淆不清，缺少醫學診斷上的可信度，是另一個問題；此外，亞斯伯格症究竟是一個單獨的診斷類別，或只是所謂自閉症範圍裡的一個類別，也是一個很大的爭議，大家對亞斯伯格症以及它和「類似自閉症」的關係缺少了解，也沒有共識。本篇旨在描述亞斯伯格症的特徵，和其他有關了解亞斯伯格症獨特要素的問題。

亞斯伯格症的診斷分類

　　亞斯伯格症向來和自閉症有關，更和自閉症光譜（譯註：指一系列與自閉症有關的各種或輕或重的症狀）有關。肯納（Kanner, 1943）早期對自閉症兒童的描述，已成為了解亞斯伯格症者的藍圖。這些描述內容包含自閉症者的溝通障礙、語言發展遲緩、

語言異常、身體的正常成長與發展、環境的固著性、物品的統一性、行為的反覆性和自我刺激，因此，亞斯伯格症經常被當做所謂高功能自閉症者。

截至目前為止，正如同肯納的自閉症初期特徵被修正一樣，亞斯伯格症的概念也不斷被修改。也就是說，即使專業人員一致接受漢斯·亞斯伯格對於亞斯伯格症觀念的基本原理，但是數十年來，人們還是不斷對此障礙的初期概念做一些微小修正。這樣的修正過程受到Wing（1981）的特別激勵，Wing想要透過廣泛的臨床描述和個案實例，來了解和證實此障礙的特徵。對亞斯伯格症能有進一步的了解也要歸功於其他人士，這些了解包含亞斯伯格症和其他自閉症情況及症候群診斷分類之間的相似和相異之處（C. L. Gillberg, 1992; I. C. Gillberg & Gillberg, 1989; Klin, Volkmar, & Sparrow, 2000）。

在美國，美國精神醫學學會（2000）所出版的刊物《心理疾病診斷和統計手冊第四版修正文》（DSM-IV-TR）收錄了最常使用的亞斯伯格症診斷分類。這本診斷和臨床的手冊將亞斯伯格症列為五種廣泛性發展障礙中的一種類別。根據《心理疾病診斷和統計手冊第四版修正文》，廣泛性發展障礙（pervasive developmental disorder）所提及的一群人是：「在多種發展領域中，具有嚴重性和廣泛性損害的特徵，如：相互的社會性互動技能、溝通技巧，或固著的行為、興趣和活動」（p. 69）。《心理疾病診斷和統計手冊第四版修正文》同時確認了其他廣泛性發展障礙項目：

自閉的障礙、兒童崩解症、雷氏症（Rett's disorder）和其他未註明的廣泛性發展障礙。《心理疾病診斷和統計手冊第四版修正文》亞斯伯格症的診斷分類摘要如表 1-1。

《國際性疾病和相關健康問題國際統計分類第十版》（ICD-10, World Health Organization, 1992）是和《心理疾病診斷和統計手冊第四版修正文》相當的國際分類系統。這項分類系統也是以*廣泛性發展障礙*一詞描述自閉症光譜障礙，對自閉症所下的定義及概念，和《心理疾病診斷和統計手冊第四版修正文》所提的雷同。就是說，兩書同樣地包含和定義下列明確的障礙：亞斯伯格症、兒童自閉症、雷氏症、其他兒童崩解症，其他廣泛性發展障礙、其他未註明的廣泛性發展障礙、非典型自閉症，和具有刻板動作及心智障礙之過動症。

亞斯伯格症兒童、青少年的寫照

根據肯納早期的描述，亞斯伯格症兒童和青少年具有的特徵和自閉症兒童與青少年一樣；但是亞斯伯格症者也有自己獨特的特性。他們臨床上顯現的特性，包含在下列領域的異常或缺陷：社會互動、說話和語言溝通、認知與學業學習、感官特質，以及肢體和動作的技能。

表 1-1　DSM-IV-TR 亞斯伯格症的診斷分類

A. 社會互動有質的損害，表現下列各項至少兩項：

　1. 在使用多種非語言行為（如：眼對眼凝視、面部表情、身體姿勢及手勢）來協助社會互動上有明顯障礙。

　2. 不能發展出與其發展水準相稱的同儕關係。

　3. 缺乏自發地尋求與他人分享快樂、興趣或成就（如：對自己喜歡的東西不會炫耀、攜帶或指給別人看）。

　4. 缺乏社交或情緒相互作用。

B. 行為、興趣及活動的模式相當局限重複而刻板，表現下列各項至少一項：

　1. 包含一或多種刻板而局限的興趣模式，興趣之強度與對象兩者至少有一為異常。

　2. 明顯無彈性地固著於特定而不具功能性的常規或儀式行為。

　3. 刻板而重複的肢體動作，例如複雜的全身動作、手掌或手指拍打或絞扭。

　4. 持續專注於物體的一部分。

C. 此障礙造成社會、職業或其他重要領域的功能，在臨床上有著重大損害。

D. 並無臨床上明顯的一般性語言遲緩（如：到兩歲能使用單字、三歲能使用溝通短句）。

E. 在認知發展或與年齡相稱的自我協助技能、適應性行為（有關社會互動則除外），以及兒童期對環境的好奇心等發展，臨床上並無明顯遲緩。

F. 不符合其他特定的廣泛性發展疾患或精神分裂病的診斷準則。

資料來源：節錄自《心理疾病診斷和統計手冊第四版修正文》（p.084）美國精神醫學學會（2000），作者：華盛頓特區。版權所有：美國精神醫學學會 2000。

▦ 社會互動障礙

　　亞斯伯格症兒童、青少年時期所出現的社會性障礙和獨特特徵會持續到成人時期。《美國心理疾病診斷和統計手冊第四版修正文》（DSM-IV-TR）特別提到「社會互動障礙是持久的、顯著的」（p. 80）。很多這類兒童、青少年會顯示和別人互動的興趣，但是他們表現出來的互動情況，往往是不得體的，或無法參與符合年齡的社會互動，如適當的玩耍。這些兒童、青少年的社會性障礙可能是導因於他們不能理解適當的社會風俗習慣，而不是因為他們對社會性接觸不感興趣或畏懼。例如，一個亞斯伯格症兒童可能出現無禮或怪異的行為，他們似乎不願意輪流玩，輪流發言，也無意願了解同儕的小小提示，儘管他想在遊樂場找人玩。

　　根據上述的行為模式，亞斯伯格症兒童、青少年處於行為的兩個極端：從畏縮到主動表現，他們都有可能呈現出來。那就是：他們會選擇社會孤立，寧願孤離自己也不要社會交際，只對固定式的互動接觸有興趣。不管是哪一種型態（畏縮或主動），他們經常被認為是社會性笨拙的、社會性技巧不靈光、情感遲鈍、自我中心、缺乏同情心和理解力。因此，即使這些兒童和青少年積極嘗試尋找玩伴，他們仍然會遭遇社會性孤離，因為他們不能理解社會行為的法則，如眼神接觸、親近他人、手勢和姿勢等。

　　在一項分析亞斯伯格症學生行為問題的本質和適應性行為的研究中，巴西爾（Barnhill）、哈吉瓦拉（Hagiwara）、麥爾斯

（Myles）和辛普森（Simpson）等人（2000），從家長、老師和學生們所完成的行為評量表中，做了一項比較，結果發現兩件事：第一，家長比老師們明顯更關心兒童的行為和社會性技巧；第二，家長察覺他們的孩子在各種社會性相關領域中，出現顯著的臨床問題，包括整體性的行為問題，如攻擊行為和過動症狀，以及內在的畏縮問題。相反地，雖然老師們確實看到這些孩子有焦慮、憂鬱、畏縮問題的「風險」，但老師們並不察覺這些兒童、青少年有那麼多明顯的問題。學生們的自我評估則顯示，他們不認為自己有任何明顯問題，或在臨床評估要素中有任何危險性。

亞斯伯格症者能從事例行的社會互動，如打招呼，而無法從事廣泛性的互動或相互的人際關係，這種現象是正常的。因此，亞斯伯格症兒童、青少年經常被家人和學者們描述為缺乏社會習俗、禮節的意識，缺乏常識，容易誤解社會訊息和非口語的訊息，也容易展現出各式各樣非社會性、非相互性的反應。

亞斯伯格症者容易情緒敏感和緊張是常見的。當他們處於擁擠的空間，如果他們認為別人要侵犯他們的領域時，或當他們同時處於數個活動時，他們可能會變得激動。不過，不像正常發展、有能力的孩子，很多亞斯伯格症者不會透過聲音、姿勢顯露他們的緊張。結果由於同儕不能意識到亞斯伯格症者的不愉快，以及他們自己無法控制不舒服的狀況，以致於他們的激動可能升高到爆發點。從這些障礙看來，我們可以理解為何亞斯伯格症兒童、青少年容易成為同儕們取笑、欺負的對象了。

　　雖然亞斯伯格症者經常缺乏社會意識，但他們大多還能察覺自己與眾不同，因此，自尊問題、發現自己的缺點和貶低自己的現象，普遍存在亞斯伯格症者之間。

　　我們可以預料多數亞斯伯格症者是很差的隨機社會學習者；他們常在沒有充分理解這些社會互動及其社會脈絡的情況下，去學習社會技巧，很多這類的患者嘗試呆板地遵循普遍性的社會規範，因為唯有如此才能提供他們可依循的結構，不然就一團混亂了。可惜的是，這不是一個成功的策略，因為幾乎沒有幾項普遍性的社會規範。然而，如同任何一位家長或老師可以證實的，社會關係對亞斯伯格症者是很重要的，他們能藉此促進多面向的發展，如自我控制、自我理解、功能性語言的運用，及日常生活機能所需的相關技巧。

　　儘管行為問題在亞斯伯格症者之間並不普遍，但也不是罕見的，這些問題經常涉及緊張、疲勞的感覺，或是失控，或是沒有能力預知行為後果。亞斯伯格症兒童沒有典型的品格問題，他們的問題是，在一個他們不能預測的險惡世界裡，他們無法有功能性的表現，這個原因和他們的行為問題息息相關。所以，亞斯伯格（1944）最初描述這類兒童是有敵意的且是惡劣的觀點，並沒有得到很多的認同。患此症者確實經歷行為困境時，他們的問題很可能是由下列因素所引起的，如不得體的社會性、一心一意又專注地追求特殊興趣，或防衛性的恐懼反應。

　　當亞斯伯格症者年老時，會發展出更多嚴重的社會性和情緒

性的問題。研究亞斯伯格症青少年的報告中顯示（Cesaroni & Garber, 1991; Ghaziuddin, Weidmer-Mikhail, & Ghaziuddin, 1998），這些人會經歷更多不愉快的和社會情緒的焦慮及憂鬱現象，臨床報告上確實也透露亞斯伯格症青少年容易出現沮喪、憂鬱的徵兆（Barnhill, 2001; Ghaziuddin et al., 1998）。

說話和溝通特色

不像自閉症兒童，亞斯伯格症兒童一般在臨床上不會顯露語言遲緩。雖然部分亞斯伯格症兒童可能有一點點語言問題，但是他們能學得語言、運用語言的能力是和預期的發展標準一致的。在這方面，佛瑞氏（Frith, 1991）注意到，亞斯伯格症兒童「在五歲時便有流暢的語言能力」（p. 3）。不過，佛瑞氏也注意到，他們「在溝通上所使用的語言經常是很怪異的」（p. 3）。韋恩（Wing, 1981）指出，很多亞斯伯格症者展現各式各樣如嬰兒般的溝通障礙，以及很多被認為是「特殊能力」的現象，可被解釋成死記的反應，而不是一種正常或珍貴的語言發展。

亞斯伯格症兒童顯現的語言遲緩障礙程度到底有多大，從上述討論中，明顯看到專業人員之間有不同的見解（American Psychiatric Association, 2000; Wetherby & Prizant, 2000）。不過，有一項是沒有爭議的，就是亞斯伯格症兒童顯露各式各樣的異常溝通特色，尤其在社會性的、對話式的及相關的技巧（例如異常的音質和單調的聲音）。因此，他們的喃喃自語、單向獨白及狹隘的

興趣等，都與他們早期語言的習得及使用無關。例如，這樣的孩子可能會一而再、再而三反覆同樣的語詞，聲調誇張或單調的說話，冗長談論別人沒有興趣的單一話題，或無法持續與人交談，除非話題聚焦在特別的、狹隘的主題上。這種說話型態產生的溝通問題不令人意外。想要有效與人溝通，必須要求亞斯伯格症者和別人分享話題以及願意聽別人說話，和別人交談。有一些亞斯伯格症兒童模仿成人說話的語調或賣弄學問似的說話風格，更可能降低對同儕的吸引力。

正如所料，非口語溝通障礙和相關的社會溝通問題，在亞斯伯格症者之間是很尋常的。這些包括互動關係的問題，如過於靠近別人，習慣上這是不被接受的；目不轉睛持續地盯著人家；保持不當的身體姿勢；無法做眼神接觸或面無表情，因此他們無法傳出興趣、同意或反對的訊息；也不能使用或理解手勢和臉部表情。

在學校，亞斯伯格症學生經常無法理解抽象概念的描述；無法了解語言使用的象徵性，如隱喻、慣用語、比喻和寓言；也無法抓住修辭學上的內容和意思。由於老師和教科書經常採用這類習慣語，學生們在這方面的障礙會對他們的學業成績產生負面結果。

認知特色

亞斯伯格症突出且明顯的特色是智力中等或中等以上。因此，

ICD-10（World Health Organization, 1992）和 DSM-IV-TR（American Psychiatric Association, 2000）診斷亞斯伯格症狀通常有其一致性，即他們沒有整體性的認知障礙。即使有此一假設，而且在了解學習者和為其規劃時，也認為他們的認知側面圖是很重要的；我們對於亞斯伯格症者的認知能力和智力方面的認識依然相當不足。很多對於亞斯伯格症兒童、青少年智力和認知特色的推論，確實是奠基於高功能自閉症者的研究報告。在這方面，有一些研究者已經提出報告，依據高功能自閉症者魏氏智力測驗（Wechsler, 1989, 1991）的結果，顯示不均衡的認知側面圖，包括操作智商明顯高於語文智商（Ehlers et al., 1997; Lincoln, Courchesne, Kilman, Elmasian, & Allen, 1988）。

　　具體而言，高功能自閉症者圖形設計分測驗得分最高，而理解分測驗分數最低。圖形設計分測驗是非口語的概念形成的作業，這需要知覺組織、空間視覺及抽象概念。這是一份評量一般智力的良好工具。相反地，理解分測驗是評估社會性理解、人際關係，所以和一個人的社會判斷、常識，以及社會習慣的了解有關。重要的是，基於高功能自閉症者的研究報告，對亞斯伯格症兒童認知和智力特徵進行推論時要很小心。

　　巴西爾、哈吉瓦拉、麥爾斯和辛普森（Barhill, Hagiwara, Myles, & Simpson, 2000）以魏氏智力測驗（Wechsler, 1989, 1991）評估三十七位亞斯伯格症兒童、青少年的認知側面圖，這是少數這類研究中的一項。結果顯示，雖然智商範圍涵蓋智能不足和資優，

大部分智商位於平均值內。語文智商和操作智商之間的分數沒有顯著差異。研究結果與其他的研究發現一致。此一研究也顯示出他們在圖形設計分測驗上有較高的分數，意即有較強的非語文的推理能力，以及較佳的視覺－動作的空間整合能力；也發現他們在符號替代上的得分較低，意即許多受試者有視覺－動作協調問題、易分心、對學校有關的事沒有興趣、視覺記憶較差。受試者也在理解的分測驗上得分較低，意即社會判斷能力較差。值得注意的是，本研究與其他研究無法發現亞斯伯格症者有特定的認知側面圖。

　　有一些理論已經被提出解釋亞斯伯格症者不均衡的認知表現。其中最流行的一種說法是亞斯伯格症者有「心智理論」的障礙（Baron-Cohen, Leslie, & Frith, 1985）。心智理論是有關一個人如何思考及處理自己的、他人的意圖、信念和精神狀態訊息的能力。因此，依據他們不佳的「心智理論」，以及設身處地為人設想和相關能力的薄弱，至少可以解釋亞斯伯格症者的一些問題，同時也合理地說明了他們在某部分智商測驗中不均衡的側面圖。

學業成績和學習特色

　　雖然亞斯伯格症學生有一般水準的智力，也能進入普通班就讀，但是很多這樣的學生會遭遇學業的問題是可以預料的。社會與溝通上的障礙，再加上固著與狹窄的興趣、固執又不知變通的思考模式、缺乏彈性、解決問題的能力很差、組織技巧拙劣、無

法分辨刺激物是否切題,以及脆弱的社會性挫折忍受力,這些因素經常迫使亞斯伯格症學生無法完全參與、理解一般教育課程和教學的系統。然而,即使有這些挑戰,還是有很多亞斯伯格症學生有能力上大學,也有很成功的發展。

亞斯伯格症兒童、青少年被認為有學習障礙(Frith, 1991; Siegel, Minshew, & Goldstein, 1996)。事實上,這樣的解釋可以回溯到亞斯伯格(Asperger, 1944)本身,他曾描述這些兒童在校表現是參差不齊的。此外,如同無以數計的家長和老師們每天所體驗的,亞斯伯格注意到亞斯伯格症兒童即使有很高的語言能力,在他們不感興趣、不著迷的科目上,學業成績還是很差的。

雖然缺乏足夠的、實驗上的證實,亞斯伯格症學生廣泛地被認為會遭遇一些問題,如理解抽象材料、暗喻、成語和語言的比喻用語、將有關訊息從無關的訊息中分離出來,以及理解不常用的材料等問題。亞斯伯格症學習者的優點是易於理解事實性的資料(Church, Alisanski, & Amanullah, 2000)。由 Griswold、巴西爾、麥爾斯、哈吉瓦拉和辛普森(2002)共同領導研究的學業成績報告,顯示學生們的平均成績分數在一般水準範圍內,分數的分布從顯著低於水準以下到顯著高於水準以上;比較優勢的是口語表達和閱讀理解。參與研究的學生顯示出比較弱勢的部分是聽力理解(如理解口語呈現出來的資料)。同時發現數學分數很低,特別是解決方程式和回答數學計算能力的問題。雖然這些學生本身口語很好,但如同所料,這份研究報告指出他們在了解別人的

口語上有明顯的障礙，沒有能力解決日常生活中常見的問題。

如前所述，亞斯伯格症兒童和青少年的類化知識和技能方面有困難，也就是他們運用資訊和技巧的能力有問題，這些技巧涉及與不同人士相處的情境和背景。此外，這些學生在注意相關課程的提示和刺激上有困難。

老師們經常不能意識到亞斯伯格症學生學業上的特殊需求，因為這些學生給人家的印象是，他們所理解的比他們所做的還要多。那就是，部分亞斯伯格症學生的障礙會被一些現象蒙蔽，例如他們好賣弄學問的調調，似乎有高級語彙，喃喃自語式的回應；以及另一個現象是認為他們用字遣詞可能很好，但卻沒有更高層次的思考和理解能力去了解他們所閱讀的事物。另外，部分學生呈現順從的、不武斷的現象也助長了問題的嚴重性。

▓ 感官特質

肯納（Kanner, 1943）和亞斯伯格（Asperger, 1944）兩人共同觀察到自閉症兒童和亞斯伯格症兒童對特殊感官刺激容易有反應。例如，亞斯伯格症兒童經常對某些聲音或視覺刺激物過於敏感，如日光燈。當他們過度負荷某些種類的感官刺激，他們可能產生負面的反應。事實上，家長和老師曾指出學生的行為問題和他們接觸刺激所引起的恐懼有關聯，例如預期會在固定的時間聽到火警警報器或鐘聲。此外，此症的家長也常提到這些孩子對特定的食品或物品有固執的喜好，如只喜歡穿由某一種布料做成的衣服。

某些亞斯伯格症者對身體的疼痛有特別高的容忍度。

最後，很多亞斯伯格症兒童會有反常的自我刺激反應，如長時間反覆旋轉一個物品。事實上，DSM-IV-TR 列出亞斯伯格症的症狀標準就是「局限的、反覆的、刻板的行為型態、興趣和活動」（p. 79）。當這些孩子體驗緊張、疲勞或感官過度負荷時，表現出以上症狀是很普遍的（Myles, Cook, Miller, Rinner, & Robbins, 2000）。

肢體與動作的異常

韋恩（1981）觀察到亞斯伯格症兒童的動作協調與平衡不佳，其他人（Smith, 2000; Smith & Bryson, 1994）也證實這些問題。事實上，家長與教育人員發現許多亞斯伯格症兒童與青少年的動作笨拙不靈活，讓他們很難成功地參與需要動作技能的遊戲競賽。因為遊戲競賽是他們主要的社會性活動，在這領域的問題對他們在社會的與語用的發展上有重大影響，已超越了動作協調的問題。再者，精細動作的困難也影響了許多的學校活動，例如書寫與美勞。雖然對於他們是否有動作遲緩與異常有爭論（Manjiviona & Prior, 1995），但有大量的軼事證據暗示著此一問題需要考量。

亞斯伯格症的其他面貌

由於亞斯伯格症的研究仍處於萌芽階段，我們才剛開始了解

它的重要變化，經由這層了解才能支持對此症兒童、青少年進一步的治療和介入。以下幾個段落是針對此症的出現率、病理學和併發症，提出現有文獻的概觀，同時也討論到此症的預後和展望。

出現率

亞斯伯格症出現在男生身上大約是女生的五倍，這已被證實，世界上不論何種種族、經濟和社會族群，情形都是一樣的。不過，比較有爭議的是罹患此症的實際數量。據報導，近年來出現率與日俱增，數量的增加主要因為 DSM-IV-TR 將亞斯伯格症附加在廣泛性發展障礙名單上，以及進近年來大家對此症投以特別的眼光。

因為不同的定義及研究方法論，導致目前對亞斯伯格症出現率的預估有相當大的變化。例如 Kadesjo、Gillberg 和 Hagberg（1999）預估一萬名兒童中有四十八人可能罹患此症。相反地，Ehlers 和 Gillberg（1993）預估此症出現率約為萬分之三十六，而韋恩（1981）卻推測數字可能低於萬分之一。Volkmar 和 Klin（2000）清楚地提出「缺乏亞斯伯格症狀的一致性，這只能意味著現有的資料頂多只是出現的『猜測估計』」（p. 62）。的確，DSM-IV-TR 沒有精準的數據，也缺乏此症出現率的預估值（p. 82）。

病理學

亞斯伯格症狀和自閉症廣泛地被認為是中樞神經障礙所導致

的（Autism Society of America, 1995）。美國自閉症協會也強力支持以下立場，即自閉症不是由任何可知的心理或環境的因素導致的（如「冰箱母親」、父母親情感的孤離或相關的人際因素），每位專業人員和專業機構也抱持著相同的立場。雖然亞斯伯格症病理學目前未明，但一些專家推估至少它和自閉症某些成因是相同的（Rumsey, 1992）。例如，亞斯伯格症病例有顯著的遺傳關聯（Frith, 1991），在這層關聯性上，DSM-IV-TR 注意到「亞斯伯格症者的家族成員出現此症的頻率較高；此外，家族成員也有較高的自閉症和社會性障礙的可能性」（p. 82）。

併發症

併發症（comorbidity）指的是除了病患主要的障礙之外，和一般人士比較之下，他們有更大的風險發展成其他疾病或相關的障礙。如同亞斯伯格症其他的許多要素，此症是否容易受到其他精神的、情感的和行為障礙的傷害，目前仍是一個未能解決的謎題。不過，有明顯的跡象顯示，亞斯伯格症和下列障礙類別有關聯：強迫症、憂鬱、雙極性疾患、妥瑞氏症、情緒障礙、注意力缺陷／過動症、神經疾患（Volkmar & Klin, 2000）。

預後和展望

亞斯伯格（1944）當年認為只要善於利用亞斯伯格症者特殊的興趣和獨特的觀點，大部分的患者能擁有一個積極的人生。但

是在亞斯伯格事業的晚期，他對於預後一事變得更謹慎。近來，對於亞斯伯格症者的預後了解很有限。不過，大家相信很多亞斯伯格症兒童、青少年能過非常正常的生活是無庸置疑的。C. L. Gillberg（1992）可能提出了最樂觀的展望，他認為「怪異的社會性風格、興趣和溝通也許仍然維持著，但是此症的多數人可以有工作，而且似乎有很大比例的人會結婚生子」（p. 833）。對於亞斯伯格症者預期的發展情形，有些人則持謹慎的看法（Lord & Venter, 1992; Myles, Simpson, & Becker, 1995）。依據無數的社會性、症狀、痛楚、介入、教育和其他相關的障礙因素，他們注意到這種患者的長期預後是很難判定的；DSM-IV-TR 認同這樣的見解，也指出「亞斯伯格症是一個持續性的終身障礙」（p. 82），但是「它的預後顯然比自閉症者好，如同後續追蹤報告所建議的，成年時很多亞斯伯格症有能力擔當有報酬的工作以及自足」（p.82）。

　　雖然大家同意社會性能力、溝通，以及其他與亞斯伯格症有關的特徵是他們嚴重的障礙，大家也認為只要有適當的教育、處遇及支持，許多人都能過著相當正常與獨立的生活（Myles & Simpson, 2001a）。Safran（2000）強調適當處遇的需要，他警告說：「沒有適當的教育支持，亞斯伯格症學生可能要獨自作戰，社會性暗示對於他們沒有意義，人際關係也一再失敗，導致焦慮與社會性拒絕。」（p. 154）

020

結　語

　　亞斯伯格症是否是所謂自閉症光譜的一類，或是和自閉症沒有相關的獨特障礙，大家對於此事有相當大的爭議。雖然爭議猛烈，但專業人員們一致同意此症是一個嚴重社會性和溝通上的障礙，可能會有嚴重的後果。不過，大家也共同認為亞斯伯格症者的預後情況相當好，而且只要給予支持和訓練，這些患者能成為有生產力的公民。

個案實例

以下兩個個案說明了亞斯伯格症的特質。雖然每個個案是獨特的症狀，但兩者反應了許多共同的特質。

(一) 約拿

約拿是一個八歲小男孩，他和十一歲的姊姊及媽媽住在一起，他的母親是社區高中的商業教育老師。約拿和姊姊每週會花數小時和他的父親、家人一塊相處。

約拿的嬰兒時期，被認為是快樂的、安靜的、不向人要求、不常哭。他的父母表示，即使約拿知道父母在旁，也不太喜歡和人互動，或被摟抱，而且他總是很滿足地躺在他的嬰兒床長達數小時之久。他的父母同時表示，他不像他姊姊會不斷搏取父母的注意，還有很小就會說話。約拿剛學會走路時很安靜，即使周遭環繞著其他兒童，他的興趣主要在他自己身上。大約一歲六個月時，他開始說單字和短句。他的父母也注意到和他的姊姊比較之下，約拿走路和自我照顧的能力有點遲緩。醫生告訴約拿的父母，約拿的遲緩是心智層面，所以無法做評估。

當約拿三、四歲時，他的父母開始擔心他的發展。他們特別注意到約拿會毫無目標地在家中來回走動數小時，他的頭會撞擊偏僻的角落，當他製造高音頻噪音時，他會以姆指、食指抓住耳垂。他們表示約拿會有節奏地仿說電視上的廣告（他很少坐下來看電

視），包括一項清潔劑產品廣告，這是最讓他父母頭痛的地方。一開始他們的反應是忽視這些行為，他們相信他們的兒子發展緩慢，他的獨特行為是為了滿足某些未知的需求，這是可以接受的。然而，禁不起親友的催促，約拿的父母在他四歲半時帶他去看小兒科醫生。醫生診斷約拿為「其他未註明之廣泛性發展障礙」，建議約拿參加一個為高危險和遲緩兒童設立的專門幼兒園，而且每年要重新評估一次。

後來，他的父母表示他們不喜歡這位醫生的態度，所以沒有請他重新評估約拿。不過他們確實幫約拿在一般幼兒園登記入學。這是他們的教會經營的學校，約拿在這個學校就讀直到六歲為止，因為他的父母認為約拿尚未準備好可以讀公立學校。約拿的幼兒園老師說他很順從、安靜。他被動地參加大部分的活動，老師不認為他行為有問題。他很少主動和同儕互動，雖然他會回應同儕。六歲時，約拿在住家附近的幼稚園上學。不久，父母分居，大約一年之後，父母離婚。他的父母表示，他們分居、離婚那段時期是他們女兒最難捱的日子，不過約拿好像忘記他父親不在身邊。

約拿最近在住家附近的小學上普通班二年級，他有資格接受特教巡迴服務（他的老師固定和一位特教老師見面並討論與改編約拿的課程）。約拿接受每週一小時的語言個別化教學。儘管如此，他的老師仍然描述約拿是一個普通學生。

他的老師指出約拿完成功課的速度緩慢，而且常搞不清楚教室的規範。不過，只要約拿被某項工作吸引住，他就執意要把工作完成。老師還注意到約拿通常很順從，一點也沒有興趣想要取悅老師。此外，約拿會將書籍和其他物品有條不紊地排列在他的書桌上，有時當課表進度變更時，他會很緊張。例如，最近的一場暴風雨，使得學生們在下課時間須留在教室內，這樣的改變很難讓約拿理解。

在遊樂場，約拿通常站在老師旁邊，除了偶爾他會在校園周圍反覆來回走動之外。約拿是害羞的，和同儕之間呈現社會孤離狀態。不過遊戲中，他有時會留意同儕的接觸或加入他們。約拿很被動，下課休息時，他被同學們欺負的次數不只一次，碰到這些場合，約拿總是退縮，站在老師旁邊。

約拿的母親指出過去一年來，約拿抓耳垂製造高頻噪音，拿頭撞擊偏僻角落的行為明顯減少了，但是當他激動有壓力時，他偶爾會不斷地摩擦雙手，拍打雙手。

大約一年前，約拿在一家大學附設的兒童輔導診所接受評估，他的父母親多少都因亞斯伯格症而心煩。不過，對此症有進一步的了解之後，他們似乎願意接受兒子的障礙了。他們承諾繼續支持約拿的後續發展。

(二)泰利

泰利十七歲，和父母、弟弟住在一起。姊姊在附近的州

立大學就讀，暑假期間會回來家中相聚。他們是中產階級的家庭，雙親都是工程師。

泰利最近才被兒童醫院的多重專業評估團隊診斷為亞斯伯格症。在得知此症之前，泰利已被鑑定為學習障礙、輕度自閉症、精神分裂、注意力缺陷／過動症以及表達性語言發展障礙。

早期紀錄顯示，泰利在學走路和表達語言方面有輕微發展遲緩的現象。直到三歲他才會使用一或兩個字說話，此時他突然開始使用長及複雜的句子說話。泰利最近說話變得很有學問，學校的學生有時稱呼他為「教授」。不過，他的對話局限於少數的話題，而且大家認為他說話缺乏感情和聲調的變化。

從他是個小男孩時，泰利便一直維持他對馬桶以及相關的水管設施著迷不變的興趣。他父母指出當泰利五歲時，他就知道他家的、日間照護中心的、父母公司的及住家附近商店中的馬桶品牌。一直到十歲，他仍然展現很多刻板的、反覆的行為：如轉動一公升的可樂空罐子，歪頭斜視站在他身旁的人士。現在他不再反覆旋轉可樂空罐子，不過他還是繼續歪頭斜視別人。

當他開始上學時，泰利的家人和同學一直認為他很「古怪」。他從來不曾和同學融為一體，雖然每天課堂之間他會注視在走廊上聊天的同學。偶爾他會靠近同學身旁，但是因為他個人局限的興趣，如他常喜歡描述校內的水管設備，導

致他和同學們疏遠。

　　根據泰利的父母和老師所言，他不曾有過一位真正的朋友。儘管他的母親不斷嘗試，透過鄰居和朋友安排他和同儕們建立關係，老師也發展同儕支援計畫，泰利依然是個孤獨者。最近，泰利開始一項特教資源教室的課程計畫（泰利每天花兩小時在裡頭讀書和學習社會技能），在這個教室裡，普通班學生和特教學生一起從事社會活動。在這項課程中，泰利通常是學生們最不想互動的人，雖然其他特教學生認知能力很低，語言很少，學業能力和技巧很差。當一個普通班學生被問到這樣的情況時，他回答：「泰利是這樣一個古怪的人——他走到我的眼前就只想和我討論男生廁所的水槽。」

　　當問到他的未來時，泰利回應他想成為一位水管工人（這是他老師最近試著利用泰利對水管執著的興趣而啟發的一項志趣）。泰利同時表示他想結婚，成為社區獅子會俱樂部的會員。他的父母和手足擔心泰利畢業後的未來遠景，擔心他尚未準備好外出工作或離家居住。

第二章

● ●

評量亞斯伯格症學生

與朱蒂・卡爾森（*Judith K. Carlson*）共同撰寫

亞斯伯格症學生正式的診斷評量會依其目的來蒐集資料，以驗證學生的優勢與劣勢能力，這些資料可能包括醫療史、智力與性向測驗分數、學業成績，以及描述學生日常生活的紀錄，無論這些資料來源為何，評量應聚焦在學業、行為、社會性、肢體動作及環境等要素（Klin, Sparrow, Marans, Carter, & Volkmar, 2000; Myles & Adreon, 2001; Myles, Constant, Simpson, & Carlson, 1989; Szatmari, 1991）。這些資訊的蒐集是為了提供學生適當的教育安置，以鎖定長期目標和行為目標、監督學生的進步狀況，並評鑑所接受的教育服務品質；另外，可以使用多重專業領域的團隊來評量跨領域的能力，像是職能和物理治療、聽力、視力、感官動作治療及社會工作。

常模參照評量

在常模參照評量中，標準化測驗被用來蒐集資訊。一般來說，常模參照測驗用特定的題目和施測及計分程序，其背後的假設即在於學生獲得相同的題目及施測程序，受測者的表現被拿來和常模群體比較；常模群體是被隨機選擇出來的一群學生，他們具有特定特質。

常模參照測驗中的題目，是根據對常模學生所做的試探性測驗結果，仔細地編纂而成；同時，常模參照測驗的得分也是根據常模學生的分數分配，經由統計得出。

　　常模參照測驗的施測程序通常會就細節詳細說明，如果施測者違反要求的施測程序，施測而得的分數便無效，因為常模參照測驗是將受試者的表現和常模團體比較，因此必須使用和常模團體一樣的施測方式進行。

　　通常一個常模參照測驗會產生兩個或兩個以上的分數，第一種是學生的表現會被計算出一個原始分數，接著，這個原始分數會被轉換成一個標準分數，以利於和常模團體的表現做比較。因為從統計的角度來說，常模團體代表的是一般族群，因此施測者能夠將某個學生的表現，和這個國家中類似的學生做比較。

適合亞斯伯格症學生的常模參照測驗

　　很多比較常見的常模參照測驗都是以一般人為對象編製而成，並沒有包含亞斯伯格症學生在內；因此，主試者對這個族群施測及解釋測驗結果時，必須格外小心，且要依循指導手冊，來決定常模團體是否適用於受試的學生。常用於身心障礙學生（含亞斯伯格症學生）的常模參照測驗有：(a)診斷性測驗，(b)性向及成就測驗，(c)適應行為及社會技巧評量，(d)感官評量，(e)語言或口語的評量。

診斷測驗

　　因為亞斯伯格症是一個醫學診斷，醫師通常提供給父母及教育者的是一份正式的文件，載明兒童或青少年患有此症。然而，

對醫學專業人員來說，快速而準確地判斷一個兒童或青少年是否患有亞斯伯格症是很困難的，因為短暫的觀察常常不足以決定診斷，所以精神科醫師及內科醫師大部分需要仰賴相當了解孩子的老師及家長提供觀察及報告。

迄今，有兩種常模參照評量能夠協助醫療、心理衛生及教育專業人員診斷兒童或青少年是否患有亞斯伯格症：「亞斯伯格症診斷量表」（*Asperger Syndrome Diagnostic Scale*, ASDS; Myles, Bock, & Simpson, 2000）與「吉立姆亞斯伯格症量表」（*Gilliam Asperger Disorder Scale*, GADS; Gilliam, 2001）。亞斯伯格症診斷量表是一個包含五十個項目的評量，以二百二十七位患有亞斯伯格症、注意力缺陷過動症、自閉症、學習障礙及行為障礙的個體建立常模，任何一個熟悉需要被診斷者的成人，都能在十至十五分鐘內完成亞斯伯格症診斷量表。亞斯伯格症診斷量表有五個分測驗：(a)語言，(b)社會性，(c)適應不良行為，(d)認知，(e)感官動作。填答者寫下是否有各個領域中的行為，依結果算出的標準分數，便能指出該名兒童或青少年患有亞斯伯格症的機率，可用以區別出和注意力缺陷過動症、自閉症、學習障礙及行為障礙的不同之處。家長或教師在完成這份量表後交給負責診斷的專業人員，他們便能夠以此為工具協助提供正確的診斷。

吉立姆亞斯伯格症量表是以一百零七位個體所建立的常模，設計來區辨三至二十二歲患有亞斯伯格症、自閉症及其他行為障礙的兒童及青少年，它包含三十二個項目，分成四個分測驗，描

述具體的、可觀察的和可測量的行為。這個評量設計是要家長及專業人員來作答，它提供標準分數和百分等級以決定個體患有亞斯伯格症的機率。完成吉立姆亞斯伯格症量表約需五至十分鐘的時間。

性向及成就測驗

所有一般的智力測驗都可以用來施測亞斯伯格症學生，使用這些測驗有其優點和缺點，端視個別學生及施測者的技巧及能力而定。魏氏智力測驗第三版（WISC-III; Wechsler, 1991）和比西智力測驗第四版（Thorndike, Hagen, & Sattler, 1985）被廣泛地使用在教育及心理學界，其他大部分常模參照測驗所得的標準分數，常和這兩種智力測驗的分數比較。

很重要的是，要注意沒有亞斯伯格症學生能透過這兩種測驗，從一般人中鑑定出來；當然，有可能以其他替代的標準化測驗更直接評量亞斯伯格症學生的能力。

適應行為及社會技巧評量

行為及社會技巧是亞斯伯格症學生常見的缺陷（American Psychiatric Association, 2000; Wing, 1991; World Health Organization, 1992），因此，徹底評量這些領域是很重要的。

兒童行為評量系統（*Behavior Assessment System for Children*, BASC; Reynolds & Kamphaus, 1992）評估亞斯伯格症兒童及青少

年的情緒及行為問題，也評估其他特殊需求。這份評量分成家長版評量表、教師版評量表，及學生自評量表，包括各個領域：(a)過動，(b)品行問題，(c)攻擊，(d)焦慮，(e)憂鬱，(f)退縮，(g)注意力問題，(h)適應性，(i)領導力，(j)社會技巧。兒童行為評量系統曾被用來找出我們關心的領域，並協助我們設計亞斯伯格症學生的治療計畫（Barnhill, Hagiwara, Myles, Simpson, et al., 2000）。

　　文蘭適應行為量表（*Vineland Adaptive Behavior Scales*, VABS; Sparrow, Balla, & Cicchetti, 1984）經常被用來評估亞斯伯格症學生的行為及社會技巧，它有三個獨立的評量表，其中兩個是擴充版（Expanded Form）和調查版（Survey Form），由主試者訪談學生的主要照顧者，第三個評量表是教室版（Classroom Edition），由老師來填。三個評量表皆在評估學生溝通、日常生活、社會性及動作技巧等領域的表現，擴充版和調查版也評估不適應行為表現。

感官評量

　　很多兒童和青少年在以下七個領域中表現出感官問題：(a)觸覺，(b)前庭覺，(c)本體覺，(d)視覺，(e)聽覺，(f)味覺，(g)嗅覺（Dunn, Myles, & Orr, 2002; Rinner, 2000）。因此，將這些測驗納入廣泛性評量的一部分是很重要的。目前有三份測驗能將亞斯伯格症兒童及青少年的感官狀況和神經生理發展正常的個體進行比較：(a)感官評量（*Sensory Profile*; Dunn, 1999），(b)簡式感官評量

（*Short Sensory Profile*; McIntosh, Miller, Shyu, & Dunn, 1999），(c)
感覺統合與動作測驗（*Sensory Integration and Praxis Test*, SIPT;
Ayres, 1989）（Myles, Cook, Miller, Rinner, & Robbins, 2000）。其
中，感覺統合與動作測驗不只評估感官的議題，也評估感官問題
對情緒和行為的影響。

口語—語言評量

　　為了了解亞斯伯格症兒童及青少年的語言問題，一個超越字
的發音、字彙、句子結構及文法的語言評量是必需的（Bligh, cited
in Michael Thompson Productions, 2000; Myles & Adreon, 2001）；
更仔細地來說，語言發展評量應該包含語用，也就是語言的社會
性、理解非字面上用語、口語問題解決，以及非口語溝通。布萊
（Bligh）建議以下的常模參照評量工具來協助設計課程：

- 《基礎語言的臨床評量》（*Clinical Evaluation of Language Fundamentals Third Edition*）—第三版（Semel, Wiig, & Secord, 1995）

- 《接受性及表達性字彙綜合測驗》（*Comprehensive Receptive and Expressive Vocabulary Test*）（Wallace & Hammill, 1994）

- 《語言能力測驗—擴充版》（*Test of Language Competence — Expanded Edition*）（Wiig & Secord, 1989）

- 語用測驗（*Test of Pragmatic Language*）（Phelps-Terasaki &

Phelps-Gunn, 1992）

- 問題解決測驗—小學修訂版（*Test of Problem Solving — Elementary, Revised*）（Zachman, Huisingh, Barrett, Orman, & LoGiudice, 1994）

- 問題解決測驗—青少年版（*Test of Problem Solving — Adolescent*）（Zachman, Barrett, Huisingh, Orman, & Blagden, 1991）

非正式評量

　　非正式評量是指第一線人員針對學生來蒐集、評估及應用資訊的過程。由非正式評量所得到的資料，經常被用來設定目標、教學策略，以及學習結果的評量（Guerin & Maier, 1983）；而非正式評量的程序則將目標鎖定在學生知道什麼，和學生如何學，如此一來，第一線人員便能夠選擇可以促進學習的教學技巧。

　　非正式評量並不需要一個參照團體來測量學生的表現，相反地，以學生在班級或安置當中的課程及要求，和自己的表現水準相互比較；因此，資料可以在教室、家庭、工作場所、診所，與施測場所等不同的地點來蒐集。非正式評量常常包括一般教室中互動的訊息（Guerin & Maier, 1983; Klin, Sparrow, et al., 2000）。

　　空間環境、作業的呈現方式、興趣的程度，以及過去的學習經驗，都會影響亞斯伯格症學生在測驗當中的表現，非正式評量

需要的是非僵化的時間限制與非標準化的施測程序；因此，亞斯伯格症學生能夠用傳統或非傳統的方式進行問題解決。正因為沒有時間限制，施測者能夠在時間允許下和學生建立信賴關係，並且逐漸熟悉學生後，再開始施測（Myles, Bock, & Simpson, 2000）。

設計一個評量，引導學生表現出某些特定行為，也能提供重要的訊息。例如：學生是否能夠要求協助，或指出他們想要在測驗中場休息？若不行，學生如何溝通其需求？了解學生的功能現況，便能引領我們了解學生如何進行工作，以及指出他們在學業和社會性發展的準備技巧。這樣的訊息能幫助我們建立實際的目標，對於鼓勵學習與構築成功是很重要的。設定多重目標（學生可以很快達成的目標、比較困難的目標，以及有挑戰性但又能引起動機的目標）幫助我們創造出最佳實務的介入課程。經由測驗，測驗者應該找出哪些作業對於學生是困難的或者容易的，並注意到哪些活動、材料以及方法可以得到最正向的反應。

雖然非正式評量能當做整體評量的一部分，但仍最適合用在持續且動態的資料蒐集過程，修改個別化教育計畫的目標、選擇教學與回應模式、修正作業、設定表現的時間架構，以及發展個別化教材，均能透過非正式評量的資料來提升。

考量的領域

麥爾斯等人（1989）列舉出使用非正式評量在亞斯伯格症學

生上幾個重要考量領域，這些領域包括：(a)刺激的過度選擇，(b)動機，(c)自我刺激行為。

刺激的過度選擇

刺激的過度選擇發生在當學生只選擇環境當中少數刺激，而忽視絕大部分刺激時；例如，當呈現數張字卡在學生面前，並伴隨口語指示「指出有出口這個字的字卡」時，學生卻總是選擇左邊的字卡。而這樣的反應方式可以用下列方式來加以打斷：變化作業呈現的方式、刺激的安排，或主試者問答的方式。

動機

有限的動機可能和沒有能力完成工作和缺乏興趣產生混淆，亞斯伯格症學生常需要外在動機去完成工作，在施測前，決定適當的增強物、休息時間和喜歡的工作，是很重要的。和家長、教師、照顧者與學生本身談一談，可以找到一些增強物來減輕有限的動機所造成的問題，一些增強物，像是具體的物品、畫板或簡單的代幣，都能引發學生完成工作的動機。

自我刺激行為

有些亞斯伯格症學生展現出像是旋轉物品這樣的自我刺激行為，如果這些反覆性的動作並不干擾施測過程或應答狀況，應該可以在評量當中忽略。然而一旦自我刺激行為造成干擾，和學生

一起努力達成適切的反應行為是必要的。無論如何,關於學生自我刺激行為的軼事紀錄必須保留,因為它們將提供學生挫折程度及應對機制等有價值的資訊。

學業領域

針對亞斯伯格症學生的評量必須涵蓋三個主要的學業領域:閱讀、數學,與口語和書寫語文。一個包含這些領域的評量將提供教學所需的基礎資訊。

每一個領域的評量可以包括市售測驗的使用、「領域與階序」的模式("scope-and-sequence" approach),或者學校自己的課程教材。市售測驗很好用,因為它們不需要很多時間去準備,而且常常可以應用到許多不同技巧的測試,市售測驗的例子有哈德森教育技能調查表(*Hudson Educational Skills Inventory*, HESI; Hudson, Colson, & Welch, 1989)和布里根基本技能診斷調查表(*Brigance Diagnostic Inventory of Essential Skills*; Brigance, 1980)。

應用「領域與階序」模式時,一個技巧或概念會被拆解成一個個小小的組合成分,第一個組成成分要先教學與練習直到熟練,接下來才會進行下一成分的教學,以此類推。在大部分學業的、功能性的、行為的、社會的及職業的領域,都可以發展出「領域與階序」的做法。「領域與階序」模式對亞斯伯格症學生是非常有價值的,尤其當他或她有著部分的技巧時,如果一個學生能夠

完成工作當中的某一步驟，則他或她是有部分的技巧，但無法完成前一個或接下來的步驟。舉例來說，一個學生可能可以從 1 數到 200，但不知道「一對一」的對應概念，從數學的「領域與階序」來看，就會得知數數技巧是落在數學技能的哪一階段，以及還有什麼技巧是介於了解「一對一」對應與數到 200 之間。當我們選擇一個領域與階序的模式來評量或教學時，必須考量個別學生的學習興趣，喜歡同時進行「大領域」學習方式的學生，便不會在「領域與階序」模式當中表現良好。

課程本位評量對大部分的學生都是有利的，因為評量項目來自於學校課程教材，學生被評量學校所教的技能，且按相同的順序呈現。這種評量方式主要的缺點是發展評量所花費的時間，次要的缺點則是評量的焦點，也就是說，重點通常放在學生是否能展現工作技能，而非學生如何表現它，當然，後者對教學有很大的啟示作用。當我們運用領域與階序的模式在課程本位評量時，片段的技巧與學生的學習興趣必須被考量。

閱讀

閱讀是一個很複雜的評量領域，因為很多次技巧是相關聯的。對亞斯伯格症學生來說，主要的考量應該是理解能力，雖然很多亞斯伯格症學生可能展現僵化而機械性的閱讀技巧（例如：適當的解碼和視覺字彙的技巧）（譯註：視覺字彙指的是一看即知的字彙，指相當常用的字），但他們對理解段落大意及將閱讀內容

連接到日常生活的能力是有限的，當學生到達較高的教育系統時，機械性的能力變得較不重要，而理解與類化則變得愈來愈重要。因此，對亞斯伯格症兒童及青少年的閱讀評量應該要著重在理解與應用（Sundbye, 2001; Sundbye & McCoy, 1997）。

　　為了替每位學生設計個別化又具整合性的閱讀評量計畫，發展出特定次領域的組合是必須的，有兩個基本的閱讀層次必須建立：第一個是學生獨立閱讀的水準，要在學生能夠達到 98% 到 100% 的讀字正確率，以及展現 90% 到 100% 的理解層次；第二個是學生在教學時的閱讀水準，學生要有 95% 的認字準確度，以及75%或更高的閱讀理解程度。這些資料都必須利用朗讀和默讀兩種方式取得（Sundbye, 2001）。

　　這些資料可以透過課程本位評量取得，或者市售非正式閱讀調查表，像是教室閱讀調查表（*Classroom Reading Inventory;* Silvaroli, 1986），或是都瑞閱讀困難分析（*Durrell Analysis of Reading Difficulty;* Durrell & Catterson, 1981）。

　　選擇能夠評估再認及回憶兩種回應程度的理解問題是很重要的（Hudson, Colson, & Braxdale, 1984），亞斯伯格症學生也許只能在基本層次上理解訊息，以回答一般資訊的問題，因此，發展出包含多樣化理解層次的問題是必需的。除了事實相關與字彙的問題外（此為大多市售閱讀調查表的一部分），推理的和主要大意的問題必須涵蓋在內，並且要能夠評量出學生預測結果、下結論，和分辨事實與想像的能力（Sundbye, 2001）。

將視覺資料按順序排列是較複雜理解能力的先決條件,所以,任何無法理解段落大意的學生應該要在這個領域評量,評量該能力的方法可以用兩到三張一系列的圖卡(使用愈多的圖卡,程序就愈複雜),描述一個活動的步驟,可以使用市售順序圖卡,但是當學生無法回應這些材料時,主試者可以根據學生熟悉的一般性活動製作非正式的系列圖卡(例如:刷牙)。

應該以學生可學的朗讀文章表現進行錯誤分析,包含評估閱讀段落時所犯的錯誤類型,分析時要重視錯誤字和印刷字之間的相似性、詞性之間的代替(例如:名詞代替動詞)和詞內(例如:名詞代替名詞)的相互替代,以及自我矯正的百分比等特質,這樣的分析可補足許多傳統上所做的錯誤標記,這些標記是許多非正式閱讀調查表所建議(例如:那些聚焦在不同的替代、省略、刪除與重複)。錯誤分析或許能給我們一些洞見,從整體的訊息處理過程來看學生的閱讀技巧,包括上下文脈絡的運用、邏輯性的線索、字的辨認與分析(Stanford & Siders, 2001)。

學生聽的理解能力也應該要評量,這是關於學生理解大聲讀出資料的程度。主試者以高於學生閱讀水準一個年級的文章讀給學生聽,持續直到學生表現至少 75%的理解能力才停止。雖然對一般能力的學習者來說,聽的能力比朗讀或默讀佳是很平常的事,但未必會發生在亞斯伯格症學生身上(Sundbye, 2001)。

學生對分析文章內容的優劣勢可以用克漏字程序來決定,以學生可學習水準,選出約二百五十字的文章段落,並系統化地刪

除七的倍數的字或九的倍數的字，第一及最後一個句子保持完整，然後學生默讀這一段文章，根據上下文將適當的字填入空格。只要是合乎上下文的語意，同詞類的替代應該要被接受為正確字，分析重點在於線索的類型（例如：周邊的字、圖片、粗體或斜體字，或一般的故事情節）（Sundbye, 2001）。

學生對特定教學技巧的回應也可以當做是評量過程的一部分，像是語言經驗法，或語素形態分析，或多重感官閱讀。舉例來說，為了分析語言經驗法的有效性，學生創作或口述一個故事給主試者，使用不同的刺激，像是圖片、開放性問句，和用來發展故事的任何活動，然後主試者從故事當中選擇一些字，將字寫在閃示卡上，與學生一同練習。最後是閱讀完成的故事，首先用同聲朗讀的方式（主試和學生一起大聲朗讀），然後學生自己朗讀。主試者利用自己創作的故事與出版的閱讀材料相互比較學生的閱讀能力。

當閱讀理解能力為主要評量亞斯伯格症學生的焦點時，傳統閱讀評量中的其他領域（字的分析與辨認）便顯得不重要，因為亞斯伯格症學生可能具備能力去分析與認字。然而，當我們需要額外的資訊時，也許需要再進一步評量。

語音的測量可以用來決定學生使用在字的分析（解碼）上特定的語音成分，大部分市售語音測量就是根據無意義字的形式，因此能夠分離子音、母音、拼音、合體字母（譯註：兩個字母發一個音，如phonics中的ph）及雙母音。當決定是否實施語音測量

時，有兩項因素必須考量：首先，對於安置在普通班的學生，傳統上語音訓練在小學階段早期就已經停止，因此，通常只在學生已經具備並展現絕大部分基本語音技巧時，才建議進行語音教學，如此方能在特定技巧領域進行訓練；第二項考量和閱讀時語音技能的應用有關，有些學生顯得過分依賴語音，並不留意不規則發音，或上下文的線索（Sundbye, 2001）。

藉由視覺字彙的評量來決定學生認字的能力，可有數個做法，端看學生的年齡與閱讀技巧。像是由道奇（Dolch, 1995）或福來（Fry, 1980）所列的核心字彙，可以用來確認學生在該年級一看就必須知道的字，這些對字彙有限，或者安置在融合班級年紀較小的學生格外有用；而對年紀較長字彙又有限的學生，視覺字彙要列出強調生存所需字的字彙（Brigance, 1980），這些字必須涵蓋在套裝評量當中。表 2-1 提供了一個閱讀診斷順序的概觀。

▒ 數學

數學一向被認為是具階層性的科目，也就是說，如果早期的技巧沒有建立，更近一步的技巧也無法精熟，每一個技巧以其組成要素來思考，因為許多數學技巧包含一連串的要素。

這種對數學知識和技巧獲得的傳統理解也應用在亞斯伯格症學生身上，亞斯伯格症學生也許有計算技巧，但缺乏先備的準備技巧。例如，有部分技巧的學生（如：缺乏數字概念的計算技巧）並沒有精熟一個有意義的工作，相反地，這個學生只是具有死背

表 2-1 閱讀的診斷順序

較大國小兒童的順序

A. 非正式閱讀調查（默讀及朗讀）

　1. 課程本位的

　2. 廠商出版的

B. 錯誤分析

C. 理解層次（認字與回憶）

　1. 事實的

　2. 推論的

　3. 大意

　4. 預測結果

　5. 下結論

　6. 事實 vs. 想像

　7. 字彙

　8. 順序

D. 聽力理解

E. 克漏字測驗

F. 流暢度與速度率

較年幼國小兒童的順序

A. 非正式閱讀調查（默讀及朗讀）

  1. 課程本位

  2. 廠商出版

B. 錯誤分析

C. 理解層次（認字與回憶）

  1. 事實的

  2. 推論的

  3. 大意

  4. 預測結果

  5. 下結論

  6. 事實 vs.想像

  7. 字彙

  8. 順序

D. 聽力理解

E. 語音（單獨的音與在字裡的音）

F. 視覺字彙（閃示與分析）

G. 字母的認識（特別是當語音不強或視覺字彙時）

H. 語言經驗

  1. 閱讀自己所寫的故事

  2. 閱讀寫在閃示卡上的字

  3. 理解自己的故事（認字及回憶）

I. 排序視覺材料與相關的故事

的技巧，卻幾乎不具功能性的目的。這樣的技巧對學生沒有意義，也無法應用在任何模擬的或真實的生活情境中；因此，對亞斯伯格症學生來說，數學必須被當做是一個具階層性的科目，而且這個領域的評量必須依順序進行，需特別留意的，則是有基本概念、計算、問題解決及功能性數學技能。

　　基礎概念評量決定亞斯伯格症學生是否已經基於對數學的了解精熟技能，根據皮亞傑（Piaget, 1959）與莫瑟（Mercer, 1996），這些技能包含：

- 分類——依據顏色、形狀、大小或功能判別相似或差異的能力。
- 數字保留——推理出即使外觀改變但數量仍維持不變的能力（例如：等量的水在不同的容器當中是一樣多的）。
- 次序與系列——不去考量物品之間的數量關係而能排列物品的能力，或者能依性質改變而排列物品的能力（例如：從最短到最長排列不同長度的物品）。
- 一對一對應——理解在一個集合的一個物品和另一集合中的一個物品其數量是相同的，和物品的特徵無關（例如：六個蘋果和六個鈕扣代表的是同樣的數量）。

　　這些技巧應該系統化地以具體的、半具體的與抽象的方式評量。

　　計算涉及算式的計算，這個基本的數學領域對亞斯伯格症學生來說也許是優勢，也就是說，這些學生或許能夠正確回答問題

而不需理解背後的演算歷程。有一個測驗叫做臨床數學晤談（*Clinical Math Interview*, CMI; Skrtic, Kvam, & Beals, 1983），用來探求對適當解題過程或計算程序的理解，在亞斯伯格症學生解答經過設計的問題後，以訪談的方式要學生解釋如何解題。臨床數學晤談的實施可顯示：(a)學生目前的計算能力，(b)學生如何解題，(c)學生是否依賴不正確的解題過程。計算錯誤分析能夠揭示學生在以下四個範疇的數學技巧相關訊息（Roberts, 1968）：

- 錯誤的運算——學生使用一種不是用來解決問題的運算方式。
- 計算錯誤——學生應用正確的運算方式，但其解答是根據錯誤的數字檢索。
- 有缺陷的算法——學生應用正確的運算方式，但答案是錯的。
- 任意回答——學生的解答與問題無關。

問題解決是一種運用有意義的計算技巧來解決文字或故事問題的能力，根據瑞斯曼（Reisman, 1972），一個問題用來啟動這類型的學習，而問題解決仰賴基本概念、計算和類化的知識與應用，問題解決評量必須考慮學生：(a)辨識問題解決情境中的重要特徵，(b)將動詞句翻譯為數學句，(c)計算出答案的能力（Shure, 1992）。評量必須能夠揭示學生在各個問題解決層次的能力，亞斯伯格症學生一向對於非死記的技能感到困難，像是辨識重要問題的解決特徵，和將動詞句翻譯為數學句。

　　功能性技巧評量涉及學生將計算與問題解決技巧用在真實生活情境上，功能性技巧包括和時間、金錢、測量及幾何有關的計算，這些對亞斯伯格症學生格外重要，因為它們就是潛藏的生活技能。事實上，其他數學領域（例如：基本技巧、計算、問題解決）的教學目標就是協助亞斯伯格症學生成功地運用功能性技巧，因此，這些技巧的評量極為重要。表 2-2 提供了數學診斷順序的概觀。

口頭與書寫語言

　　由於亞斯伯格症學生常有許多獨特的語言特質（例如：固著、特立的語言），口頭與書寫語言的評量也許能呈現特別的問題。不幸的是，大部分教育者並未被訓練來處理口語問題，因此，他們傾向轉介有這樣問題的學生給語言治療師（Harn, Bradsaw, & Ogletree, 1999; Moran, 1982）。這樣的診斷轉介也許有幫助，但常常不能使其熟練教室相關技能、活動和議題。雖然語言的獲得依循著一定的發展順序，卻不像數學那樣有明確的階層性，所以需要不同的評量方式，因為溝通能力部分仰賴環境因素，在不同安置與情境之下評量學生的語言是必需的，如此方能對他或她的語言技能形成完整的圖像，並決定合適的領域進行介入課程（Harn et al., 1999）。

　　正常發展的學生提供教師無數自然情境中自發性的語言樣本進行評量，他們說故事、在遊樂場對話，還有角色扮演，這些樣

表 2-2　數學診斷順序

較大國小兒童的順序

A.數學技能概論

　1. 數字／記數法

　2. 數學的語言

　3. 序數

　4. 位值

　5. 幾何概念

　6. 分數

　7. 測量

　8. 數學應用

　9. 文字問題

　10.估算

　11.圖解

B.根據概論中技巧難度的測量

C.非正式數學調查表

D.錯誤類型分析

E.臨床數學晤談（CMI）

較年幼國小兒童的順序

A.根據皮亞傑層次（具體、半具體、抽象）概論數學技能

　1. 計算法

　2. 數學的語言

　3. 測量

　4. 位值

　5. 一對一對應

　6. 幾何概念

　7. 計算

　8. 分數

　9. 集合的保留

　10.圖解

B.根據概論中技巧難度的測量

C.口頭呈現文字問題

D.數學事實的呈現（閃示與分析）

本可以錄音，當做隨後的轉錄及分析。但另一方面，要使亞斯伯格症學生能說出故事或會話來分析，可能需要額外的鼓勵、刺激，或先前的計畫；例如：一個特別的場合，像是遠足或看電影，便能用來當做討論的主題。另外，對某些亞斯伯格症學生，一張圖片或主題就能用來產出一個語言樣本。

書寫語言樣本可以用同樣的方式引導，也就是在給予協助或不給予協助的情況下，要求學生用寫的方法說故事，然而，主試者必須留意的是亞斯伯格症學生的動作技能，如果該生有動作技能上的問題，有兩種可能的方式可獲得樣本：一是用手寫，另一則是用電腦打字。

口頭與書寫語言樣本可以用各種變項來分析和比較。因為一般來說，口語發展要早於書寫語文，期待大部分學生的口語樣本比書寫樣本複雜是合理的；因此，最常分析口語能力以決定開始的教學優先順序，並用來將學生進行語言教學分組。如果教師希望將學生和他或她的一般同儕比較，可以從表現在平均能力、同齡和同樣性別的學生處取得平行樣本。在語言評量中許多的考慮因素是主觀的，所以必須謹慎地考量目前環境和兒童文化背景中的語言樣本；因為種族因素而產生的語言差異不應該混淆成語言問題，這些在教學上都有不同的含義（Johnson, 1996）。

語言評量的一個起始的領域是溝通內容，它聚焦在回答以下的問題：這個學生講的是有關哪一類型的故事？它有個起頭、中段和結尾嗎？它是前後一貫的嗎？它是有趣且具創造力的嗎？

語言的複雜度也應該列入考量，這樣的評量檢視簡單句、複合句及複雜句。在書寫語言中，這樣的分析重點在學生想要說什麼，而非標點符號的使用。舉例來說，學生只用一種句型，或者展現了使用多種簡單句與複雜句的能力？在口語及書寫語言的句型長度和複雜度方面有不同嗎？學生使用適當的描述性詞彙嗎？

學生使用多采多姿的形容詞和片語，還是選擇能自信地應用和拼出的簡單字呢？學生擁有足夠的字彙來溝通自己的意圖嗎？

　　文法是語言分析和比較的第三個領域，它涵蓋了一般在英文課上會教的大部分特徵，包括主詞－動詞的一致性、代名詞使用、正確地使用詞尾以符合動詞時式、複數名詞及所有格。和其他領域的評量一樣，應努力區辨出由環境和文化造成的差異，和缺乏語言技巧兩者之間的不同。

　　抄寫技巧是書寫語言的另一個考量，具體來說，它包含適當使用大寫、標點符號、拼音和手寫。拼音錯誤的分析在於型態分析，也就是說，無論可不可以預測，拼音錯誤是否基於規則（例如：肇因於過度依賴規則，像是「i 在 e 的前面，除了在 c 的後面」）。

　　另一個議題與由情境的脈絡來理解語言有關，語言學習有問題的學生應該進行這方面的測驗。有些亞斯伯格症學生總是照字面上意思解釋，而且極沒有彈性，以為一個字只有一種意思，其他人則還沒有發展出基模或結構，讓他們能夠連結新的字彙到已知的字彙。評量這些問題的簡單方式就是評量通俗成語或諺語（例如：要求學生解釋「覆水難收」），或者檢核對分門別類的了解（例如：「你怎麼把這些東西放在一起──叉子、刀子和湯匙？」）。對同義詞和反義詞的理解也可以用同樣方式評量。

　　最後一個要評量的語言領域是學生對學校字彙的知識，也就是那些常常出現在口頭或書寫教導用的字彙，或那些必須用來了

解特定科目事務的字彙（例如：在數學當中，計算、解答、決定），如果一個學生不了解這些傳遞教學指令或內容的字彙，就不能適當回答問題。表 2-3 提供口頭與書寫語言診斷順序的概觀。

表 2-3　口頭與書寫語言診斷順序

較大國小兒童的順序

A. 口語樣本（有腦力激盪和沒有腦力激盪）

B. 書寫語言樣本（有腦力激盪和沒有腦力激盪）

C. 已知字彙的拼音（尋找字的組織）

　1. 基於規則

　2. 可預測和不可預測的字彙

　3. 以口頭的方式重測在書寫漏掉的字

　4. 用再認字的方式來重測在回憶時漏掉的字

　5. 用再次校對的方式來重測再認字時漏掉的字

D. 大小寫和標點（經設計過的題目）

E. 遵循多步驟指令（書寫和口頭模式）

F. 成語、同義字、反義字、分類

G. 內容領域的學業性語言

H.遠端／近端抄寫

較年幼國小兒童的順序

A.口語樣本（使用不同的刺激）

B.語言經驗故事

C.按順序

D.書寫語言樣本（故事中的一個句子或故事創作）

E.書寫字母（默寫，或者若有反轉情況，從範本抄寫）

F. 個人資料（名字、地址、電話號碼）

G.已知字彙的拼音

　　1.以口頭的方式重測在書寫漏掉的字

　　2.用再認字的方式來重測在回憶時漏掉的字

　　3.用再次校對的方式來重測再認字時漏掉的字

H.遵循多步驟指令（以書寫和口頭模式）

I. 成語、同義字、反義字、分類

J. 內容領域的學業性語言

K.遠端／近端抄寫

▀▀▀ 學生學習特性

影響一個學生的成就有多種因素。外在因素，像是搭乘到學校的公車，或是學生的書桌擺放在教室的哪個角落，都有影響，而且常常很容易去知覺及觀察到；內在因素，像是學生如何感受或接收資訊、他們如何處理和儲存概念，還有他們如何應用這些資料到日常生活當中，則難以捉摸。但是，這個多樣化的型態勢必要主觀地評量，透過對學生直接的觀察、教室中教材與安置需求的檢查，以及對教學和回應喜好的指出，這些兒童如何學習的指標稱做學生學習特性。

根據麥爾斯等人（Myles et al., 1989），學生學習特性提供了亞斯伯格症學生如何在各個學業領域中獲取資訊的啟示；例如：一個學生也許只回應有意義的刺激，而不回應機械式的刺激；有些學生也許是照順序的學習者，比較喜歡以部分到全部呈現方式的作業，而有些學生則喜歡同時呈現的、「大圖片」式的方式。學習特性就像學生一樣多樣，每一個學生都有其獨特的特性，學生學習特性分為三種基本類別：學習與記憶、行為型態與特徵，和策略。

學習與記憶

學習與記憶指的是那些學生用來集中注意力和儲存資訊的技能，序列處理對照於同時處理、刺激選擇，和對細節的注意力都

屬於這個類別。一個學生的記憶能力，包括短期、長期、視覺、聽覺、死記與有意義的記憶，在發展個體的學習風格上扮演一定的角色，在這些領域中用來評量學生喜好與優勢的作業，可以計畫並觀察作為塑造教學的用途。

　　一個學生表現的速度和進行工作的步調，也是學習風格的一部分。以楚蒂為例，她患有亞斯伯格症，且安置在為嚴重行為問題青少年而設的社區療育中心，楚蒂在工作人員、老師和治療師的心目中是固執且事事反抗的孩子，因為她鮮少回答問題，或者在課堂或治療當中提供想法。在一個對楚蒂的學習風格測驗中顯示，她需要二十至三十秒的等待時間來獲得並處理資訊，而非傳統經驗上互動對話的三至五秒，當給楚蒂足夠的等待時間，她便能夠提供想法，而且主動地參與課程目標。隨機學習、獨立的工作習慣，和類化技巧等，都在學生學習特性的這個類別當中。

行為型態與特徵

　　學生如何回應環境的刺激和獲取的資訊，以及如何運用獨特的方法將資訊應用到日常生活功能當中，都揭示其行為模式與特徵，所有的互動型態都能觀察得到，包括大人對學生、學生對同儕，以及小團體對大團體的互相轉換，而學生回應增強、結構、壓力和成功的模式都應該被評量；更進一步來說，逃避行為、尋求注意力行為和自我刺激的形式都是行為特質的一部分。透過對學生在各種情境中結構性的觀察，主試者可以記錄學生工作行為

與非工作行為的特徵、由一個活動轉換到下一個活動的彈性，和引發衝動與強迫行為的事件形式為何。

對亞斯伯格症學生來說，有些特定的行為型態必須考量，使用仿說作為溝通工具、製造及維持眼神接觸的能力，還有其分心與固著的程度，都和成功的教室表現有重要關聯；眼睛、手和腳的控制，和跨越中線的能力也要評量，以決定學生知覺、精細與粗大動作的優劣。以上這些領域可以很容易地藉由要求學生追視喜愛的玩具、接踢球以及畫圖或寫字完成，中線的問題可以要求學生完成簡單形狀或交織而成的拼圖，主試者將一片片拼圖放置在拼圖板的另一側，接著觀察學生是否能夠跨越他或她自己來擺放拼圖，任何形式的口頭或書寫的持續度都應該記錄下來。當然，評量學生行為型態或特徵中的重要議題是，確定哪些行為影響學生學業要求和社會技能的互動。

策略

策略是學生使用來解決問題或獨立完成工作的技巧或法則。確定學生使用哪種形式的技巧，以及學生是否可以學習或發展新技巧是很重要的，有時候一個學生會很有策略地接觸工作，但選擇沒有效率或不適當的策略。亞斯伯格症學生就會經常堅持使用不成功的策略，只因為他們對遭遇的情況沒有替代策略。

遵循書寫和口頭指令又是另一個重要的策略思考因素，很多亞斯伯格症學生覺得組織多層次的教學指令，或將它們排出優先

順序是很困難的，因此需要簡短的、小小的教學步驟使他們成功地完成工作。

　　考量學生所使用的後設認知策略形式也很重要，後設認知策略包含的技巧像是自我對話、自我監控和自我修正。舉例來說，一個正在幫忙父母準備午餐的幼兒會用到後設認知策略，當她做三明治時會用口語指導自己說：「首先，我將花生醬塗在麵包上，然後把果醬拿出來。」亞斯伯格症兒童可能永遠不會演練這些典型的活動（例如：做三明治），所以必須透過直接教學的歷程讓他們經歷。

　　表 2-4 提供學生學習特性的部分例子。

技巧獲得的層次

　　當計畫評量亞斯伯格症學生時，一定要考量技巧習得的層次，具體來說，評量一定要在下列技巧習得的各種層次進行：再認、回憶與應用。這些層次是有層級性的，再認代表獲得的最低層次，而應用代表最高的層次，需與教學層次（Hudson et al., 1984）互相搭配。如果主試者能夠知道學生位於哪一個層次的技巧精熟度，便能夠適當地計畫教學。

　　評估再認層次時，主試者要求亞斯伯格症學生從相似的刺激物中選擇一個，在這個技巧獲得層次，不期待學生在沒有提示的情況下做出正確回答，而只要能夠從相似的刺激當中透過口語或

表 2-4　學生學習特性

I 學習與記憶

學生如何藉由專注和儲存資訊來接受教學，學生能夠表現出多複雜的型態？

A.序列型的學習者

B.同時型的學習者

C.刺激的選擇

D.對細節的注意

E.記憶技巧

　1.短期

　2.長期

　3.視覺

　4.聽覺

　5.死記的

　6.有意義的

F. 步調

G.表現速率

H.隨機學習

I. 獨立的工作習慣

J. 類化

II 策略

讓學生能獨立完成工作及成功解決問題的技巧、原則或法則，學生如何開始一項新的工作？學生如何解決已知的問題？學生如何組織資訊？

A. 有策略的學習者

B. 記憶策略

C. 問題解決策略

　1. 學業性的

　2. 社會性的

D. 後設認知策略

　1. 有組織的

　2. 自我對話

　3. 自我監控

　4. 自我修正

E. 遵循口頭指示

F. 遵循書面指示

III 行為型態與特徵

學生如何將獲得的資訊應用到日常生活功能。哪些行為影響學業和社會技能的互動？

A. 團體互動

B. 同儕關係

C. 成人關係

D. 逃避行為

E. 尋求注意力行為

F. 自傷行為

G. 對增強的回應

H. 對結構的回應

I. 對壓力源的回應

J. 對成功的回應

K. 工作行為與非工作行為

L. 彈性與僵化

M. 衝動性行為

N. 強迫性行為

O. 仿說

P. 固著性（口頭、動作或書寫）

Q. 主宰性

R. 固著性

S. 分心度

T. 眼神接觸

U. 過度的動作

V. 幽默感

W. 自我概念

書寫的回應分辨物品。再認層次的評量活動包含選擇與配對，這些活動讓學生透過指認、畫線、圈選或配對適當物品來回答，能夠成功地達成再認層次的學生，一般來說，已經展現出與該工作相關基本思考能力的準備度了。

　　回憶層次的評量包含要求學生在沒有線索的情況下提取訊息或完成作業，在這個層次，學生提出想法、點子或概念，用口語或書寫方式回答問題。評量回憶層次的技巧習得活動有填空、閃示卡或簡答題，能夠成功達成回憶層次工作的學生，已經準備好以更有意義的方式應用記憶的資訊。

　　技巧獲得的應用層次代表能在模擬或設計好的情境下有意義地使用技巧，妥善安排評量用的作業，以使學生能在教室或其他情境中展現精熟度。應用層次評量的重要性在「雨人」（*Rain Man*; Guber, Peters, & Levinson, 1988）電影中顯露無疑，在這部電影當中，由達斯汀・霍夫曼（Dustin Hoffman）飾演一個患有自閉症的人——雷蒙・貝比特（Raymond Babbitt），他在數字上展現獨特的能力，能夠在數學領域表現回憶層次的工作。具體來說，運用加法、減法、乘法和除法演算很大的數目字，卻不需要計算機或任何提示的協助，但是當他被要求應用數字技能到真實生活情境（例如：用數字表示對金錢的了解），他應用技巧的缺乏便是證明。應用層次的評量作業包括字彙問題、有主題的寫作，以及理解與遵循書面的指令。

教學表現的層次

　　目前許多認知發展與教育的實施，都根據皮亞傑（Piaget, 1959）的發展理論而來，從皮亞傑對兒童出生到成年，在不同發展階段所呈現知識類型的描述，布魯納（Bruner, 1966）具體指出表現的三個層次，而一個兒童必須經歷這三個層次以成為獨立的學習者。第一個階段是具體的或是動作展現的，學生主動而且運用肢體參與學習活動，不論是學騎腳踏車或學習數學中的位置概念，很多兒童透過「做」得到最佳學習。在任何一個例子中，學生與具體的物品互動──腳踏車或操作位值概念的物品（例如：積木），來獲得歷程的具體理解。在這個層次，學生發展基模或型態作為日後知識的基礎。

　　第二個是圖像階段包括使用圖表或影像，來協助學生重新提取以往用來完成工作或解決問題的知識，一個普遍的圖像教學表現就是利用圖片或圖表教數學，大部分用積木獲得位值知識的學生應該能夠回答用積木圖片繪製而成的題目。布魯納（Bruner, 1966）形容這個階段是由知覺組織的原則所主宰。

　　象徵性，也就是最後一個階段，包含語言或文字的表現。學生在此階段的表現層次已經發展出基於過往工作經驗的基模，並能夠不需任何提示或線索，適當地回應符號（例如：文字）。舉例來說，當我們給學生一個包括加法或減法重新組合的數學問題

時，他能回憶以往位值的經驗，然後應用該知識來計算出答案。

　　一般的發展按照這三個階段循序漸進，但是亞斯伯格症學生在他們的知識當中出現裂縫，產生片段式技巧；例如，他們已經發展出運用抽象符號的能力，卻不了解其基礎概念，或無法操作具體的物品。

　　為了計畫教學而評量亞斯伯格症學生時，主試者應該要知道學生是否能展現這三階段概念的理解：具體的、圖像的與象徵的。主試者必須評量學生對根本概念的了解，同時評量他們在抽象層次上回答書寫問題的能力，有大量死背知識或已經發展出成功考試技巧的學生，會在紙筆測驗上表現相對優勢，但在需要用來建立穩固學業知識的概念性的與具體的理解上有所缺陷。因此，教師與診斷者應安排至少一些具體和圖像階段的測驗評量，其領域一般來說不超過小學低年級階段。

診斷教學

　　和學生的學習特性一樣，診斷教學的重點在於傾聽學生、了解他或她的感受，並且在學習環境中詮釋接下來的互動是哪些，由此說來，診斷教學是藉由一個或一系列新作業，對學生進行系統化與臨床診斷的一個過程。學生被要求解決一個問題或完成一項活動，同時主試者記下所觀察到的，並維持描述性的紀錄，紀錄中應敘述學生如何著手工作、處理工作挫折及調整和自我修正

錯誤，還有使用哪些問題解決技巧以完成工作。當診斷教學進行時，主試者可以提供線索或建議，甚至教導用來完成工作的小要素。

另一個診斷教學是應用多種呈現或反應的管道來呈現相似的工作；例如，用六個對學生完全不熟悉但結構及難度相似的拼音文字給學生練習，以三種不同的形式完成，學生先練習以口頭分別大聲拼出兩個字，然後將這兩個字使用在句子當中；接著，學生以書寫的方式練習另外兩個字，每個字各寫十次；學生透過將字母畫在潮濕的沙箱中，以動覺或觸覺的方式練習最後兩個字，每個練習階段持續約三分鐘。在練習的結論階段，用他或她在教室中需要的相同反應方式對學生施測，結果便可用來比較不同的練習方式是否對學生的拼音記憶有所幫助。一般診斷教學的呈現與反應形式有視覺的、聽覺的、觸覺或動覺的，以及兩種或兩種以上的合併方式。

診斷教學所需時間通常很短（頂多十五分鐘或更少），透過整個過程，主試者觀察學生的反應型態並記下優勢領域。教學者則和學生一起努力其優勢領域、找到缺陷技巧部分、教導補救機制，然後重新安排家庭與學校環境，以符合學生特定的學習需求。

檔案分析

檔案評量逐漸被視為一種正式和非正式的評量方式（Duffy,

Jones, & Thomas, 1999; Schutt & McCabe, 1994），這種形式的評量將學生放在評量者的角色，具體來說，學生也參與老師評量自己的技能，並選擇能夠反映自己目前技能水準的作業或課題（Hendrick-Keefe, 1995）。運用檔案評量可同時提升老師和學生的績效，這樣一個以人為中心的評量是優勢能力取向的，而且重點集中在學業成就的獲得而非缺陷（Carlson, Hagiwara, & Quinn, 1998; Swicegood, 1994）。另外，準備檔案的學生能同時獲得整理的技巧，並藉由和老師一起決定什麼資料應包含在檔案當中，會對檔案產生一種所有感。

在一個檔案當中應涵蓋以下項目：(a)目錄或說明檔案細節的部分，(b)對內容的解釋以及為何會選擇這些內容的原因，(c)行為與適應性功能的資料，(d)策略學習與自我調整規範的資料，(e)學業或日常生活技能資料。檔案當中的作業實例應選自於不同的課堂（Hendrick-Keefe, 1995; Swicegood, 1994）。

雖然目前缺乏對於亞斯伯格症學生使用檔案評量的研究，但它所孕育出的量化與質化資料的總和，能協助提供學生能力的整體圖像。另外，當我們提供學生可貴的決策機會時，檔案評量能促進教學者－學生－家庭正向的互動（Carlson et al., 1998; Duffy et al., 1999; Hendrick-Keefe, 1995; Swicegood, 1994）。

生態行為評量

　　生態行為評量透過對環境及其他生態因素的操弄，提供學生行為的資訊（Carlson et al., 1998; Gable, Hendrickson, & Sealander, 1997; Kamps, Leonard, Dugan, Boland, & Greenwood, 1991），它意圖「不僅捕捉問題行為發生的教學情境，還有學生學業表現及教室行為舉止的確切本質」（Gable et al., 1997, p. 25）；因此，生態行為評量檢視學生行為，以及支持該行為的生態因素。運用這個方法的教育者，觀察數節課以確認發生問題行為時的教學型態、學生在學業工作的表現，和教室的結構，教師可以記下學生一再發生的行為、學業的要求，和教室結構。蓋博（Gable）和他的同事建議觀察以下幾個生態變項或工作上的要求：(a)紙張和鉛筆，(b)講課，(c)教師－學生的討論，(d)操作工具，(e)教學遊戲，(f)作業本或作業單，(g)基本閱讀教材或其他閱讀教材，(h)學生對學生的討論，(i)媒體或科技，(j)課堂轉換。生態行為評量需要花費主試者大量的時間，但能得到對教學實施與環境需求非常有用的資訊，而這些資訊將大大影響學生的成就（Conroy & Fox, 1994）。

將評量結果轉成有意義的程序

　　在處理完觀察、評分和測驗結果分析後，主試者必須綜合數

據資料以澄清學生的表現狀況，這個綜觀是對發現或資訊的詮釋和整合，一個評量結果的綜觀描述測驗結果或觀察的意義，並提供這些資料如何影響教學策略的啟發。根據卡爾森等人（Carlson et al., 1998）的研究，「這個綜合的過程是任何系列評量中最重要的部分，它通常以書面報告呈現，伴隨其他像是描述性觀察、測驗分數及建議等資訊。」（p. 44）

　　評量報告中應包含三種基本形式的敘述：資料、推論和判斷（Moran, 1995）。資料是特定的而且可被證實的，一項資料的敘述只包含測驗及觀察當中發生的事實，而資料應該以數量化的結果或具體的用詞描述，像是「打」、「踢」和「咬」，而不是「攻擊行為」，一個資料的敘述實例為：「當安迪想要玩拼圖時，他打了主試者的右手三次。」

　　推論比資料敘述較不特定，而且包括超越所觀察到的事實的闡釋性評論，因此，推論比資料來得主觀且無法直接證實。評量報告中綜合研判的主體包含推論敘述；例如，如果大衛無法完成某個分測驗當中六分之五的項目，主試者就能推論大衛不具備表現該技能水準所需的技能。

　　判斷通常放在評量報告的最後一部分，它們既具一般性且主觀，所以判斷可以是綜合推論和資料的建議或診斷；例如，一個判斷可以是：「黛安需要在特別為亞斯伯格症學生設計的情境中，接受一對一的閱讀教學。」

　　學生的優勢與需求應該清楚地在評量報告中描述，建議使用

兩欄的格式列出，一欄當中列出具體的優勢與需求，另外一欄則提供事證（Carlson et al., 1998）。例如，當主試者在需求欄中寫道：「回答一年級程度的推論問題。」他或她便要在另一欄提出需求的直接證據，像是：「答錯三個出現在一年級程度的課文當中的推論問題，這些問題由學生自己默讀。」

認知到學生的優勢對於發展教育計畫也很重要，詳細列載學生優勢能力對於發展培養學生知識與技巧的教育計畫特別有幫助。例如，當一個學生能夠使用多種電腦程式，主試者便能提出這樣的建議：「提供強尼使用多樣化電腦程式的機會，然後逐漸將他轉移到幫助他人使用電腦。」

主試者蒐集上述資料在評量報告中，包括計畫書、相關文章的影本，或者其他有助於主試者實行建議的資料；另外，主試者也規劃討論這些議題的議程，並安排會議時間（Carlson et al., 1998）。

在會議當中，主試者應創造正向的、互動的氣氛，根據摩恩（Moran, 1995）建議，會議中所有的人都應該：(a)互相尊重參與者的能力，(b)了解到每一個人能夠提供獨到的但具相同價值的技能，(c)將每一個人視為平等的個體，(d)對建議保持彈性。參與者可能有困難理解會議中不同專業領域，以及與評量歷程有關的專門術語，主試者可以藉由澄清專門術語和避免使用專業詞彙來避免誤解，重要的是所有參與者都感覺舒服，而且歡迎他們提出建議與討論個人看法。

069

　　評量的詮釋對創造個別化介入課程是一項有價值的工具。對家長來說，它的一個額外功能是減少對孩子期待的焦慮，對亞斯伯格症學生來說，可以增加他們對自己的優勢與挑戰的自我覺察，同時也提供參與學生教育計畫的專業人員與家長一個機會，分享彼此不同的觀點，並創造共同邁進相似目標的團隊工作氣氛——幫助個別的學生達到他們的潛能（Carlson et al., 1998）。

　　當評量使得我們全盤性地評估出學生的優勢與需求，它變成了發展教育介入策略的有用工具，對亞斯伯格症學生來說，評量可直接與有品質的服務聯結在一起，因為許多學生在沒有個別化課程的情況下，無法在教室情境中有良好的表現。亞斯伯格症學生在技巧與能力之間展現極大的落差，許多人缺乏類化能力及獨特的資訊處理能力，老師及其他的專業人員需要提供適於學生個別需求的教育服務；因此，全盤性的、持續性的評量與教育介入的整合，方能促進我們對亞斯伯格症學生的個別化教育服務品質（Carlson et al., 1998）。

　　在每日學校生活當中建立一個例行的且是評量本位的介入課程，不是件容易的工作。依據先前的評估的結果，評量本位介入課程起始於對於學生優勢與需求的評量，對於一位學生特定優勢與需求的評估，專業人員運用學生的優勢能力，並從其中建立短期與長期的目標來處理其缺陷，專業人員也從擅長的教學風格及反應模式得到的回饋，選擇並發展課程及教學的程序。這樣的過程告訴我們開始的地方——對個體技巧與能力持續性的再評量，

以及對介入課程的修正,因此,測量、教學和修正的循環,便在
學生的教育生涯當中持續不斷。

結　語

　　有許多不同形式的評量程序可用來評量亞斯伯格症學生,專
業人員要選擇對個別學生最適切的評量工具。常模參照測驗和發
展性評量最適合用在初始的診斷、定期的廣泛性評量,以及摘要
性的評鑑;而非正式評量的技巧,則可以被選擇用來當做學生技
能每日的或持續的形成性評量;最後,生態行為評量能對學習環
境進行空間的與人際互動上的調整。總合來說,這些工具得出一
位學生的能力與需求的整體圖像,使得專業人員及家庭能夠合作
無間地一起工作,以創造亞斯伯格症學生最佳的學習環境。

第三章

教導亞斯伯格症學生學業

◆ 影響學業表現的特性

◆ 有效的教學策略

◆ 結　語

學校是一個複雜的環境，學生要用其認知的、社會的、動作的技巧才能成功與成長。亞斯伯格症學生有許多的優勢，對於他們在學校的成功有所貢獻，尤其是在認知的領域。但當認知需與其他環境上的要求配合時（例如：社會要求、組織能力），這些學生的表現可能就不如預期了。亞斯伯格症學生有特別的天賦，當給予他們具體的、視覺的刺激時，可以表現傑出，但他們很難使用抽象的概念。此外，也要考量學校的社會特性；亞斯伯格症學生常想和他人互動，但常不了解社會關係的規則。環境中有各式各樣組織的、學業的及社交的要求，許多這些要求並未明確地說出來。亞斯伯格症學生有困難獨自解決上述各種要求。當以上各種的要求結合在一起時，學校可能變成一個充滿困惑、挫折，或令人害怕的地方。

影響學業表現的特性

亞斯伯格症學生的智力都在平均水準以上。事實上，有些報導說亞斯伯格症學生的智力落在資優的範圍內（Barnhill, Hagiwara, Myles, & Simpson, 2000）。因為他們的智力水準，大家都期望亞斯伯格症學生能表現出與同儕相當的水準來。雖然有些亞斯伯格症學生可以做到，但大多數卻做不到。老師常無法發現學生是以無意義的方式完成功課。在第二章曾提及，這些學生能夠將他們理解上的困難隱藏起來，完成一些功課。因為他們的弱勢常被其

優勢掩蓋起來，亞斯伯格症學生常常讓人覺得他們在許多的領域
是勝任的，事實上他們在這些領域都有困難。

　　要找出亞斯伯格症者的優弱勢領域有困難，因為他們是異質
性團體，因此他們的優弱勢能力也是多樣的。亞斯伯格症者的問
題可能會在二個、三個、四個或者更多領域發生。再者，問題的
程度可能介於中度至重度之間。

　　本章的目的是要概覽亞斯伯格症者某些學業領域上的障礙，
同時也討論可以提升他們學業成功的策略。

分心與不專注

　　亞斯伯格症者在他們生命當中的某些時刻，常會被診斷為注
意力缺陷／過動症。他們與注意力缺陷／過動症有許多共通的地
方，特別是與分心和不專注有關的部分。他們的注意力常會溜走。
上一刻，亞斯伯格症學生可能還很專注，下一刻就突然地縮回自
己內在的世界，完全沒有意識到環境的存在，沒有聽到老師的指
令，也沒有聽到學生的談話。此種做白日夢的情形可能會延續一
段很長的時間，完全無法預測。由於做白日夢的情形很嚴重，教
師以肢體提示來喚醒學生是必要的。做白日夢的前兆常無法得知。

　　即使當他們專心注意時，亞斯伯格症學生不一定會對教師的
教學有所反應。例如，學生很可能一開始會遵循三步驟的指令，
但當他完成第一個步驟時他就晃神了。他們沒有要求別人幫忙或
者示範，反而自尋出路。他們可能會楞在當場、毫無目的地漫遊、

在桌上找東找西、凝視空中，或者開始做白日夢。有時，他們會分心或者發脾氣。這些行為常見於要求他們做一些不感興趣的工作相當長的一段時間後發生。

社會互動也常常會讓亞斯伯格症學生分心。一般而言，這些學生想要與其他人互動，他們常會將注意力全部聚焦於他人身上，而沒有專注在他們該做的事情上。如果亞斯伯格症學生對於某一同學特別想要與其互動，他可能會完全專注在那人身上，不停地注視與聽他的一言一行。亞斯伯格症學生如果與同學發展雙向的關係，可能在對老師或同學說話以及做事之前，都會先徵求此位同學的認可。這給了他同儕極大的權力，可能會用在負面的事情上。例如，同儕可能會暗示亞斯伯格症學生為他完成作業，要求亞斯伯格症學生違反教室的規則，或者暗示亞斯伯格症學生從事對他有害的活動。

亞斯伯格症學生常不知道如何從一堆無關的刺激中找出有關的訊息來，因而導致他們分心。亞斯伯格症學生可能正聚焦在教科書上的某張照片或者圖片，但同學已經在看下一章了。這位學生可能會注意講師耳墜搖晃的方式，而不是注意聽講師所講的內容。亞斯伯格症學生可能會試著記住教科書中與哥倫布發現新大陸有關的每一件事，包括每艘船上所帶的食物與補給清單，因而感到挫折。他們無法憑直覺就知道不需要去記這些訊息。

狹窄視野

學校要求學生能夠專注於某些刺激，同時將不相關而引人分心的刺激篩選掉。那就是說，在某段時間，學生要專注於教科書而能忽視：(a)在他周遭的學生談話，(b)老師對於其他學生的協助，(c)貼有令人感興趣主題的公布欄。有好多種理由，讓亞斯伯格症學生很難做到這點。

理由之一是，亞斯伯格症學生常常不知道哪些訊息是相關的。如果公布欄上有著令他高度興趣的訊息，他可能會認為比書上的訊息重要。如果亞斯伯格症學生對走過教室的人有強烈的依附，與那人互動就會優先於教師分派的任何工作。理智地向他解釋與走過教室的人談話是不對的，並不會改變他，他可能是「被迫」與他的朋友互動。

狹窄視野可能是第二個理由。亞斯伯格症學生會邏輯地將人與物加以分類，讓他覺得有意義。他們會形成完全相同而不能改變的基模。例如，他在學會「i 要在 e 之前，除非 i 在 c 之後」的拼字規則後，很可能會僵化運用此條規則。他很可能會認為像 neighbor 與 weigh 這樣的字應該拼成 nieghbor 與 wiegh。

當學生在進行知性的閱讀時，也可能會遭遇問題。一般來說，知性的閱讀是困難的。亞斯伯格症學生很可能只讀學習指引上的訊息，而不會合情合理地進行閱讀，尤其是沒有叫他讀的部分。稍後，如果考試問題不在學習指引上，他們很可能就不會回答問

題，不然答案就是錯誤的，即使答案對別人來說是非常明顯的。

對於事物的著迷又是另一個狹窄視野的重要特性。亞斯伯格症學生有二種典型的著迷型態。第一種著迷型態（主要的）是他們對於某一特定領域有著全方位的興趣。結果，只要一談到此一著迷的主題時，就會引發無法控制，甚至狂暴的行為，常會發生說話速度快、音量大、嗓音高、踱來踱去、絞手等行為。著迷本身並不會引導他們進行理性的討論與探索。事實上，有這類型著迷的學生似乎一成不變的反覆討論那類主題。

次要的著迷則是他們仍然有著明顯的興趣，而且準備好了可以學習的主題。學生會主動去學習此類主題的新訊息，且很容易加以引導與轉向。教師常使用他們次要的興趣當做完成學業的動機。有些人可以將次要著迷的興趣發展為職涯的興趣。

有些亞斯伯格症的專業人員認為，分心、不專注及狹窄視野是他們主要的障礙，強烈地影響了他們在其他有缺陷的領域。雖然這些專業人員也承認機械式記憶可能也是一個問題，但他們認為，大部分是因為分心、不專注及狹窄視野才導致機械式的記憶。

機械式記憶

亞斯伯格症者通常都有很好的機械式記憶能力。個案研究記載，有些兒童在三歲之前就會背誦他們看到的書寫文字。有些則報導說，有些年輕的亞斯伯格症兒童可以在看過一次之後，就可以複誦出看到的段落來。雖然如此，很多人的理解能力不能與其

機械式記憶能力相比。也就是說，亞斯伯格症者可以理解基本的書寫文字，或者將他們逐字逐句地複誦出來，但許多人有困難理解上下文中的字彙或者進行知性的閱讀。因為亞斯伯格症者會機械式記誦，令人有他們可以理解概念的錯覺。結果，會讓老師誤認機械式的記憶就是代表對於學習內容的精熟，因而催促他們學習更難的材料。這些學生可能可以死背下幾何公式，但無法應用。同樣地，他們可以回答有關他們讀過小說的選擇題，但無法在小組合作的情境下分析出小說中人物的意圖。

對於亞斯伯格症學生，機械式記憶也可能在某些情況下是無用的。教育工作者常假設一個良好的機械式記憶，可以在任何時間記起片段的訊息與事件。但對於許多亞斯伯格症者來說，這卻不是事實。雖然他們可以在他們的記憶庫中儲存訊息，但是他們卻很難提取出這些訊息來。像：「告訴我故事主角在他的馬消失後做些什麼事？」這種開放性的問題可能無法回答，因為學生可能是以故事主角的名字來儲存相關的訊息，因而無法從主角的名字轉換到「主角」此一名詞上。因此，就大多數的亞斯伯格症學生而言，超強的記憶與其回憶訊息的能力是不相干的。

第三種會讓亞斯伯格症者的機械式記憶無用武之地的情形，就是要將學過的材料與經驗整合起來。這些學生可能會背下全部的清單或者指示，但這些清單常是毫無相關的片段。例如，亞斯伯格症學生可能可以記住所要上的六節國中課程中所要的全部應用物品，如果提供適切的關鍵字或提示語給他們的話。雖然如此，

同一個學生可能會忘記帶鉛筆到學校；另一個學生可能記住要帶鉛筆到班上，但忘了要先削好。從過去的經驗，他知道鉛筆必須削尖才有用，但總是無法將此訊息與當前的處境聯結在一起。雖然在青少年期之前，這些學生已背了無數與學業有關的訊息，但他們的知識總是支離破碎，用途有限。

視覺與聽覺訊息處理

許多亞斯伯格症學生學習與處理訊息的方式，與訊息被傳遞的方式是不搭調的。大多數學業的訊息是以口頭的方式來傳遞，但亞斯伯格症學生很難處理聽覺的輸入（Dunn, Myles, & Orr, 2002; Rinner, 2000）。訊息處理的困難發生有下列三種可能原因。

第一，如果給予額外的時間處理訊息，這些學生可以跟上且理解句子的指令。但因為字詞是以口語方式傳遞，學生沒有額外的時間可以處理訊息。

第二，學生可能可以理解老師或其他學生使用的個別字詞，但當他們用在句子與段落中時，可能就無法理解了。學生需要額外的時間來理解句中字詞的意義。如果學生試著死記這些字詞，那他們可能就沒有多餘的認知資源來處理字詞的意義了。

第三，我們懷疑亞斯伯格症學生常常無法同時處理視覺與聽覺的訊息。訊息必須以單一管道傳遞，以協助訊息的處理。不然，就會超過負荷了。

結構

　　亞斯伯格症學生常常落在結構光譜的兩端。他們不是有著內在的能力自行提供結構，就是極端地依賴他人來協助他們組織事情。常聽人說，亞斯伯格症學生的桌子在班上不是最整潔的，就是最混亂的。

　　一般而言，對於亞斯伯格症學生來說，在一個有組織結構的環境中是最能夠發揮功能的。可以預測的作息表、統一的作業格式、教師之間一致的態度，有助於這些學生將他們的時間與精力用在學業上。有著內在結構的學生常常會很僵化，期待作息表不會改變，對他的承諾也一定要實現。作息表上沒有的活動會讓他們極為不安，可能會讓他們失去頭緒，拒絕參與這些新活動，一直談論被取消或者延期的活動，或者會有行為的問題。換句話說，學生經由語言與行為告訴我們改變所造成的困擾。

　　有些教育工作者說，他們曾看到亞斯伯格症學生可以在某些情形下忍受改變，但當環境整個改變時會失控。有時亞斯伯格症學生可以容忍改變，如果你只改變一個向度。例如，改變上圖書館的時間，學生可能會調整自己以適應新的時間表。但如果上圖書館的時間與圖書館人員都同時改變了，同一個學生可能無法控制自己。

　　大部分亞斯伯格症學生少有能力自行組織自己的環境。一團混亂的亞斯伯格症者可能不是有意如此，他們缺乏良好的組織能

力。有此缺陷的學生可能會遺失上一分鐘才拿到的紙張、在教室中從沒有鉛筆可用、教師放在他背包內的通知單也從未帶回家過、書寫的作業也無法寫在紙上固定的地方、國中的學生儲物櫃也是一團混亂；她也可能無法找到櫃子鎖的組合號碼，如果發生這種事情，她就無法拿到櫃中她需要的東西了。她無法安排自己每天的時間，記得將科學科與數學科的書籍帶到科學教室，即使數學教室就緊鄰科學教室。學生生活的每一層面幾乎都脫序了。教師與家長常常懷疑他們如何能夠從一個地方走到另一個地方。協助這類學生讓他們的生活有條有理是一種挑戰，只是提供作息表或者應用物品的清單給他們是不夠的，因為他們常會遺失這些東西。

問題解決

　　雖然亞斯伯格症學生在與其興趣有關的領域裡，能夠進行高層次的思考與問題解決，但這些技巧無法類化到學校的日常生活當中。許多學生選擇單一的問題解決策略，不管情境為何都用此一策略。此外，亞斯伯格症者常常很固執。例如，學校的儲物櫃如果打不開，他們可能一直試不同的組合鎖碼來打開它。雖然此一策略可能有效，但也要能夠自我監控才可以。如果學生試了五次的組合鎖碼都沒有成功，而不知向大人或者同儕求助，可能就會爆發行為問題。

　　其他學生可能學會多種問題解決策略，但沒有類化它們的用途。例如，亞斯伯格症學生可能知道在英語課中要使用字典查生

字的意義，但沒有體會到在自然課中，此一策略也可以用來了解自然課中的專門術語。

即時提取問題解決策略也是一個問題。雖然這些學生可能知道一堆問題解決的策略，也體會到這些策略可以類化使用，但在需要用時，他們無法想起任何策略。因為亞斯伯格症學生很難從他的記憶庫中找到所需的資訊，他們可能無法喚起問題解決策略。即使他們會用一個有效的系統來提取問題解決策略，他們可能仍然無法一致地使用此一系統。在還沒有認知到有問題存在時，他們是如此的困惑、生氣、混亂，以致有行為的反應──發脾氣或退縮。

如果在學業上的學習又涉及了抽象的概念，問題解決就變得更加困難了。亞斯伯格症學生對於文字題、估算、代數、幾何常感到困難，這些都需要問題解決的技巧，而且常含有高層次的抽象概念。

數學之外，其他問題解決的困難也很明顯。教師常給予學生扮演歷史人物角色的作業；學生常常要以歷史人物自居來寫文章、表演或演講。這類性質的功課對他們來說很困難，因為他們無法從不同的角度來理解人類的經驗。亞斯伯格症者很難理解自己的心智狀態，因此，無法期望他們能夠想像他人的心智狀態。

動作技能

常可看到亞斯伯格症者的動作問題影響了他們的學業。明確

地說，亞斯伯格症學生的動作常很笨拙、走路姿態與眾不同、抓握鉛筆有困難、字體難以辨認。粗大動作的問題可能讓他們害怕高度、無法跨過障礙物、進行跳躍、丟接球。精細動作的困難可能讓他們沒有動機書寫，因為書寫要花費他們無數的力氣。而願意寫作業的學生，交上來的作業常令人無法看懂。結果，他們就被要求整整齊齊地重寫作業。像這類的要求常導致負面的反應，他們的反應可能包括拒絕寫作業、退縮、忽視教師、做白日夢，或者公然對自己、同儕或老師賣弄起來。

動機

　　如果功課只是因為老師指定要寫，亞斯伯格症學生常常沒有動機完成。這些功課對於學生的生活如果沒有意義的話，他們很可能看不到要投資時間與精力在上面的理由。「但是，我什麼會用得到代數呢？」是一個他們常問的問題。教師說：「因為我說的，所以你要做。」常無法引起亞斯伯格症學生的意願。即使功課與日常生活有關，學生不見得能看得到彼此的關聯。

　　長篇大論來說服學生分派功課的重要性，可能不是一個有效的做法，原因如下：即使學生能夠專心聽老師的解釋，他不一定能夠了解教師在功課與「真實生活」之間，聯結兩者的抽象概念。另外有些學生，樂得老師長篇大論，因為老師的焦點就不會放在功課上，至少學生在很短的時間內不必做功課。

　　著迷，尤其是次要著迷的興趣，常可以充當亞斯伯格症學生

有效的動機。一旦找到有興趣的主題，亞斯伯格症學生可以用理性明白的方式來思考與行動。結果就是，亞斯伯格症學生大都有高度的動機來學習更多有關此著迷領域的知識，且急於與他人分享。不管聽者的興趣如何，他們都會與人分享，有時這也會變成一個問題。

亞斯伯格症學生常可由他喜歡的人來引起動機。相反地，他們可能會拒絕與他們不想互動的人一起活動或完成功課。因此，將亞斯伯格症學生編到有可能與他們發展出正向的與雙向互動關係老師的班上，是很重要的。

動機也與學生錯認各種情境的知覺有關。當老師說大家在拼字測驗上的表現都很差時，亞斯伯格症學生常會認為這是他們的錯。自我中心感讓亞斯伯格症學生覺得他們是大多數事件的核心，他們會直接影響別人的表現。對於這些學生來說，這可能是一種沈重的負擔，因為他們覺得都是他們的錯。

有效的教學策略

當老師能夠體認到亞斯伯格症學生個別的需求與特性，且能安排一個成功的環境時，他們有無限的潛能存在。使用前導（priming）、調整作業、豐富活動，可能提升亞斯伯格症學生的表現。

前導

前導指的是在事前就先介紹各種訊息、作業與活動（Wilde,
Koegel, & Koegel, 1992）。前導的目的與亞斯伯格症學生的需求是
一致的。對於會因驚喜，或者非預期性的活動而感到緊張與焦慮，
且要求按部就班的學生來說，前導：(a)讓他們事前就熟悉材料；
(b)讓訊息與活動是可預期的，從而減少緊張與焦慮；(c)增加成功
的可能性（Myles & Adreon, 2001）。

根據 Wilde 及其同事（1992）認為在課堂實際要使用的材料，
應在活動進行之前，應在白天或傍晚，或甚至在早上就要給他們
看。這可增強學生對於學習材料的注意力。有些情形，前導於活
動開始前一刻才進行；例如，助理人員在上課前一刻介紹即將要
進行的小組合作的活動內容。前導可由家長在家進行，或由助理
人員，或由資源班教師或者可以信任的同儕進行（Myles & Adreon,
2001）。

Wilde 等人（1993）建議實際上要用的材料，例如，習作單或
者教科書，在進行前導時都要用。但有些個案，一張活動的清單
或說明就夠了。就學生來說，前導可能只是複習索引卡，卡片上
面記有要閱讀的作業、說明待答問題的題數與型態、告知教學如
何進行（小組或者個別），以及每一堂課要做的事情（Myles &
Adreon, 2001）。

作業的調整

　　在給予亞斯伯格症兒童作業時，要多方思考。明確地說，要注意作業的長度。即使他們有水準以上的智力，許多亞斯伯格症學生需要額外的時間來完成作業，或者因為精細動作的問題，因而書寫速度緩慢。此外，這些學生在完成幾道題目之後，就可以了解它們背後的概念。項目的多寡應該與可用的時間及學生的速度適配，才能合乎學生與老師的最大利益。調整作業的長度，對於許多亞斯伯格症者來說是很成功的。

　　如前所述，要大量寫作的作業，對於亞斯伯格症兒童來說可能有困難。提供紙筆以外的替代作業，讓學生可以展現他們的知識，常可以提升他們的動機。Winebrenner（2001）列出數個可替代傳統作業的項目，包括：(a)製作電台或電視的報導；(b)創作劇本或者模仿秀；(c)進行調查，並將結果繪製成圖；(d)就一個重要的事件，撰寫日記或日誌；(e)製作一個時間表。其他的調整則環繞在作業的形式，包括以口頭代替書面報告，以選擇題代替簡答題。

　　要求亞斯伯格症學生閱讀的量也要注意，特別是國高中階段。雖然有些亞斯伯格症者有動機時，可以讀個不停，但他們可能比同儕需要更長的時間來完成閱讀作業。提供有重點提示的教科書以及學習指引，可以幫助這些學生善用他們的閱讀時間。教師也要明確告知他們學習的內容是什麼（Myles & Adreon, 2001）。為了讓學生注意有關的學習內容，教師應該提供作業的範本，學生

有視覺的提示，便可以了解作業的內函。

加廣課程

很少有人注意到要提供給亞斯伯格症者加廣的課程（Myles & Adreon, 2001）。有許多研究顯示，亞斯伯格症者比一般常人有著更優越或者非常優越的智商（Barnhill, Hagiwara, Myles, & Simpson, 2000）。學校或學區進行的能力評量有助於找出亞斯伯格症學生已經學會的內容。如果學生已經學會了要上課程的內容，這些時間就可以拿來進行加廣課程，包括用於有特殊興趣的領域（Myles & Adreon, 2001）。

結構化的策略

結構化的策略及適當教學順序的安排有助於亞斯伯格症學生專心上課且能受益。適切的環境策略，可以包括：(a)視覺性支持，(b)改變例行事物的準備，(c)小天使方案，(d)提早或延後離開，(e)記錄作業專用筆記簿，(f)進度表，(g)通行卡，(h)安全堡壘。

視覺性支持

如前所述，亞斯伯格症學生受益於視覺呈現的訊息而非聽覺性的訊息。視覺性的訊息比聽覺性的訊息具體，而且可以有更多的時間來加以處理。視覺作息表、組織圖、大綱及工作卡，可以幫助亞斯伯格症者了解內容以及完成作業。

視覺作息表：視覺作息表是將像時間這種抽象的概念，以一種具體的、可以處理的形式來呈現。對於有視覺優勢能力的亞斯伯格症兒童及青少年好處多多。例如，視覺作息表可以讓學生預期要發生的事件與活動、發展出對於時間的理解，並可預測改變。再者，視覺作息表也可以用來刺激對於過去、現在、未來事件的溝通討論；增加專注行為；協助活動之間的轉換；教導新的技巧。

視覺作息表是依據學生的優勢能力與需求而製作的。依據學生的特性，視覺作息表會有不同的視覺呈現的層次。如同大家所知的，視覺作息表愈抽象，其層次愈高。表 3-1 由高而低呈現出視覺表徵的層次。

對於需要具體視覺線索來了解要發生事件的年輕學生來說，教師可以使用作息活動中所使用的真實物品，製作一個物品作息表。例如，如果數學課需要使用彩色的積木來操作，彩色積木就

表 3-1 視覺作息表的抽象層次

抽象的層次	視覺表徵
最高	書寫的片語或句子
	書寫的字詞
	黑白線條畫
	彩色圖畫
	照片
	物品的縮型
最低	全尺寸的實物

可以用來代表數學。

　　年紀較大或者程度較好的學生，可能可以受益於彩色圖畫、黑白線條畫、書面的字詞或者句子以完成活動。重要的是，要決定每一位學生適合的視覺表徵，然後將一表徵與高一層次的表徵放在一起。例如，如果學生是在照片的水準層次，那可以與彩色圖畫配在一起，以引進更高一層的概念。同樣地，如果學生是在黑白線條畫的層次上，書寫的字詞就可與之搭配。

　　作息表的安排會依學生的需求與水準而有不同的選擇。作息表可以由左至右或者由上而下。雖然兩者皆可，但由左至右的安置有助於學生的閱讀（譯註：中文就不一定了，由上而下也有助於中文書的閱讀）。作息表可以有下列的各種變化：

- 將作息表放在相簿或者活頁夾內。
- 以魔鬼粘或者膠帶將作息表吊在教室內的牆上。
- 將作息表製作在口袋大小的圖上。
- 將作息表寫在可以擦拭的板子上。
- 將作息表寫在黑板上。
- 將作息表列印在紙上，放在學生的桌上。
- 將作息表列印在索引卡上，大小適合學生的口袋或者皮夾。
- 將作息表列印在有孔的小卡片上，放在腰間的 O 型圈中。

　　如果學生可以參與作息表的準備，他們可能會高興或覺得放心。此一參與應該是每天早上第一件要做的事。學生可以協助排列他們的作息表、影印複製，或者有直接的觸摸。此一互動的時間也

可以用來預習每天的例行活動，討論各種改變，以及規範的增強。

　　圖 3-1a、3-1b 和 3-2 提供視覺作息表的實例。第一個作息表是為一位年輕的亞斯伯格症學生所設計的，他需要中等抽象層次

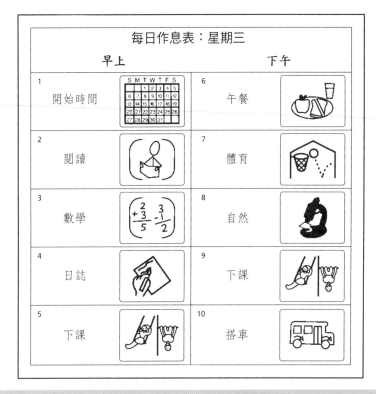

圖 3-1a　一位中等抽象水準學生的視覺作息表實例

註：作息表中的圖片採用 Boardmake 和 Picture Communication Symbols. © 1987-2001 by Mayer-Johnson, P.O. Box 1579, Solana Beach, CA 92075, 858/550-0084, Fax 858/550-0449, e-mail: mayerj@mayer-johnson.com. 需取得同意才能使用圖片。

每日作息表：星期一		
8:30	日曆時間	
9:30	自習課	
10:30	閱讀	
11:15	下課	

圖 3-1b　續

的作息表來理解每天的事件。圖 3-2 的作息表適合較高抽象層次但需要時間線索與活動線索的學生。

組織圖：組織圖提供一個有組織的視覺性與整體性的表徵，以呈現此結構內的事實與概念。組織圖安排關鍵術語以顯示他們彼此之間的關係，以具體的方式提供抽象的概念與內隱的訊息。組織圖用在內容領域的學習特別有用。組織圖可以用在學生閱讀一段文章之前、之中與之後，或者當做一種前導的結構或者用來評量概念學習的程度。組織圖常可提升亞斯伯格症學生的學習，

早上 8:00	搭車例行事務（穿外套和背背包，上廁所，與老師或助理人員預習作息表）	
早上 8:15	早餐	
早上 8:30	早晨團體	
早上 9:00	數學	
早上 10:00	閱讀	
早上 11:00	適應體育	
早上 11:30	午餐	
中午 12:00	休息	
中午 12:30	工作時間（前職業活動）	
下午 01:30	休閒時間	
下午 02:00	語言團體	
下午 02:30	下課	
下午 03:00	音樂時間	
下午 03:15	結束團體	

圖 3-2 一位高抽象水準的學生視覺作息表實例

因為：

- 視覺管道常是這些學生的優勢。

- 它們有結構的一致性且可一直地看，所以當學生「調對頻道」了，隨時可以看。

- 可讓學生有足夠的時間以自己的速度來反思書寫的材料。

- 它們將抽象的訊息以一種具體的方法來呈現，比口語呈現容易了解多了。

語意圖是組織圖的一種型態。語意圖的重點在於將關鍵字或者概念放入幾何圖形中（例如：圓圈或者正方形），或者以圖繪的方式來呈現關鍵字或概念。經由線條或者箭頭將此一核心的形狀與其他形狀聯結在一起。與核心概念有關的字或者訊息，可以寫在聯接線上或者其他的圖形中。當擴充語意圖時，所有的字彙就會變得更加明確詳細。對於較年輕的學生或者需要額外線索的學生，語意圖可以採用圖片來當做關鍵字或者概念。圖 3-3 及 3-4 提供了語意圖的實例。

組織類推圖是可用在亞斯伯格症學生身上的策略。教師可以選取兩個概念讓學生找出它們的屬性。老師與學生可以定義兩個概念之間的異同。通常教師需要書面或者照片的方式呈現屬性的選項，讓學生從中挑選。此一做法可以個別的、小組的，或者全班的方式來進行。圖 3-5 及 3-6 提供兩個組織類推圖常用的實例：維恩圖與對比圖。

大綱：大綱是另一種對亞斯伯格症學生有效的視覺支持。因

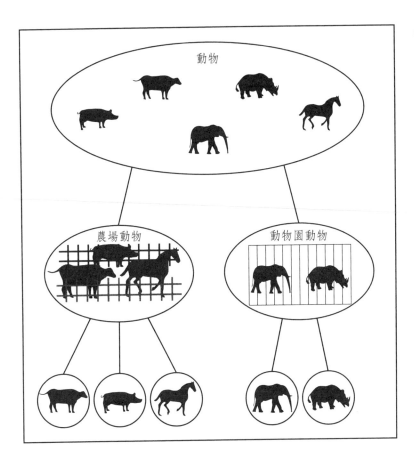

圖 3-3　有圖片表徵的語意圖

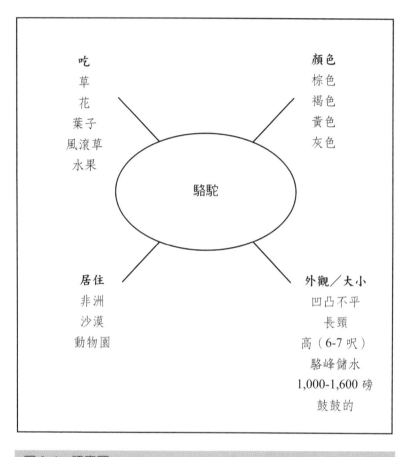

圖 3-4　語意圖

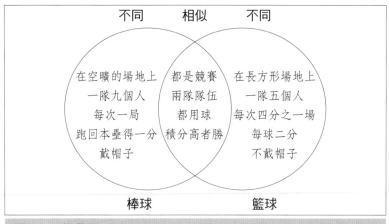

圖 3-5　維恩圖

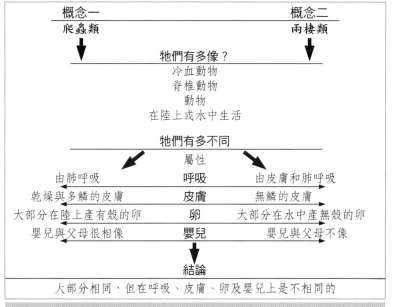

圖 3-6　對比圖

為亞斯伯格症學生在動作、分心和不專注的問題，常常無法好好地將老師所講的內容寫成筆記。因此，教師應該幫助這些學生做筆記。第一步就是教他們做筆記。如同其他學生，亞斯伯格症學生可能不懂得主要的概念，也不知道教師對於重要訊息的語言線索（例如：當老師重複某一內容或者改變聲調時，那些訊息就是重要的）。教師可以下列的方式來幫助他們：

- **一個完整的大綱**：這個大綱列出核心重點與細節。它讓學生可以跟得上課程的內容，但不必做筆記。
- **骨架式大綱**：這個大綱列出核心重點。學生可以使用此一大綱將老師上課內容的細節填補進去。
- **直接的語言提示**：像「這是第一個重點」或「這個細節應該寫在你的筆記上」的語言提示，可以幫助學生將重點寫在筆記上。此一階段，學生可能要自行負責寫完整的筆記。語言提示是用來提醒他們的。
- **含蓄的語言提示**：含蓄的語言提示也提供給學生重要訊息的線索。學生需要能夠辨認這些提示；例如，「聯邦政府的第一個部門是立法院。你有沒有寫在你的筆記上」或者「你要記住立法院是立法的」。

當要選擇適當的協助形式來幫助亞斯伯格症學生時，要考慮他們做筆記的水準。上面所列的協助水準是有層次之分的。當學生精熟其中一個水準時，就可以進入下一個層次。雖然有層次之分，但可以同時結合不同的形式來協助學生。例如，某一亞斯伯

格症學生可能可以使用骨架式大綱，但仍然要以語言的提示，來確保他可以找到重要的細節。要注意的是，不是所有的學生都能夠不停地提升層次。有些學生總是需要完整的或者骨架式大綱。

其他做筆記的選擇，包括：請同儕使用複寫紙寫筆記，將複本給亞斯伯格症學生，或者允許學生以其善長的電腦與大綱軟體來寫筆記。

任務卡：任務卡協助亞斯伯格症者記起學業內容、例行事務，或者社會性技巧。一般來說，會以名片大小的卡片來記載訊息，任務卡寫下學生要依循的步驟。卡片上的說明都是直接的。任務卡上的文字通常都簡潔扼要。對於青少年，任務卡可以提供例行事務的概述，以及在每堂課中教師的要求。對於較小的兒童，任務卡可以摘要四個對話的起始句，可在午餐與同儕對話時用。對於要休假的家庭來說，任務卡可以將旅遊的行程摘要下來（J. L. Savner，私人溝通，2 月，2001 年）。圖 3-7 提供一個任務卡的實例，此卡說明自然課每天要做的事情。

自然課
1.去儲物櫃。
2.拿綠色的筆記簿、教科書、鉛筆、原子筆和紙。
3.到教室去。
4.和實驗室同組人員交換家庭作業，用筆打分數。
5.將打好分數的作業放在老師的作業籃，等待老師的指示。
6.與同組人員在實驗站進行指定的工作。

圖 3-7　任務卡實例（這張卡片應該類似名片大小）

改變例行事務的準備

　　亞斯伯格症學生常依賴例行事務，任何作息上的改變對於行為可能會有負面的影響。學生任何作息上的重大改變都要謹慎小心。這些學生可能需要事先告知他們要進行防火演習、集合、競賽大會，或會有代課教師。有些學生會聚焦於小小的改變，而導致行為問題；例如，嚴重依賴例行事務的學生可能無法輕易地適應日常閱讀課的改變。此位學生可能很習慣下列的閱讀順序；例如，生難字詞的練習、朗讀、默讀、理解測驗；當老師改變以上的閱讀順序，或者進行字謎遊戲來了解學生記住閱讀材料的程度時，這些學生可能會失控。

　　摘要即將要做或要進行的新活動於視覺作息表上，有助於這些學生適應新的改變。教師可以寫只用一次的行為契約來說明改變的內容，包括學生要負責做完的事、誰要監控這些學生，以及增強的方式。學生與老師可以複習這份契約，當老師確定學生理解後，雙方就簽名。學生可以攜帶這份文件到新的環境，必要時可以參考。

小天使方案

　　喜歡且了解亞斯伯格症學生的普通同儕可以是寶貴的資源。事實上，許多家長報告一位良師益友是他們孩子是否可以應付學校情境的關鍵。小天使可以在轉換活動時伴隨他們，提供適切行

為的線索，幫他們在課堂上做筆記。此外，小天使也可以提供亞斯伯格症學生很想要的社會互動，如果沒有給予這些學生協助的話，社會互動很少發生。

要慎選小天使。他們必須是志願者，了解亞斯伯格症學生的特殊性，並能尊重個別的不同，且能真誠地喜歡亞斯伯格症學生。通常，小天使必須是「模範」學生，不會受到老師及教師所認為的問題行為的影響（例如：逃學、對於大人及其他學生不敬）。亞斯伯格症學生的社會性判斷通常不佳，他們可能會跟隨同儕進入不良的社會環境，以獲得想要的社會互動。

提早或延後離開

對於亞斯伯格症學生來說，於不同的課堂或特殊活動（例如：音樂課、體育課）之間的轉換可能很不順。非預期性作息的改變導致這些學生高度的壓力時，或者改變伴隨著令人不悅的情況時（例如：學生彼此衝撞時、學生很忙時、不確定活動的地點時，或被人嘲笑時），學生很可能會「失常」。這些學生可能會無法控制、發脾氣、哭泣、「晃神」，或者不服從。這些行為的發生常是用來自我保護。當學生在一個他不知道要如何處理的情境時，學生會在有限的應付策略中選擇一個，這些策略通常都是大人與同儕認為不恰當的。

允許學生以額外的時間去達成目標可以預防問題的發生。鈴響之前五分鐘讓學生離開，或者鈴響之後五分鐘讓學生離開，後

者經常可以製造沒有壓力的環境效果（如走廊上沒有其他學生、較少的騷動），在這樣的環境下學生能輕易進入教室、集會場所或特殊的場合。若能結合轉換小天使的伴隨，這個策略會特別有效。

作業專用筆記簿（譯註：功能如同台灣學校中的聯絡簿）

如果要分派作業給亞斯伯格症學生的話，作業專用筆記簿是一個有效的組織策略。所有的家庭作業及繳交日期都寫在筆記簿上。理想上，作業專用筆記簿也能包括作業的範例。教師要檢查作業筆記簿中所有的作業以及所需的支持材料（例如：範例、教科書、習作單）。家長與教師合作，每晚查閱筆記簿，當學生完成作業後就在上面簽名。

進度表

教師常常分派作業，例如閱讀報告與學期報告，這些都需要一段時間才能完成。通常，教師會宣布作業內容，解釋完成作業必要的步驟，設定一個繳交的日期。我們期待學生會分配他們的時間，在期限之前完成作業。大部分的學生會分成幾天或者幾週來完成。但是，因為種種的困難（例如：沒有能力安排長時間的作業、無法預估一個作業要花多少時間、常見的無條理、無法體會到作業的複雜性），亞斯伯格症學生常常會在繳交日期的前一晚，想花二小時就要完成二十頁的學期報告或者讀一本二百頁的

書。

　　教師需要協助學生管理他們的時間。他們需要製作一張完成作業所需步驟的清單，協助學生設定完成每一步驟的預定日期，建立一個可以監控學生作業進度的系統。監控應該包括查閱每一階段學生的作業結果，因為有些亞斯伯格症學生雖然沒有完成作業卻會說做了。此種不真實的情形不一定是故意的，它可能是一種失能的現象。例如，如果有一位老師對學生說：「我希望你了解，我期望你現在手上應該要有教科書。」學生可能會正面地反應，指出他了解老師的話，但並沒有採取與那句話有關的任何行動。教師最好列出在發展與監控進度表上家長可以協助的清單；雖然如此，教師不應該將學生當做是家中與學校之間溝通的唯一來源。

通行卡

　　通行卡使用格子狀的格式，內含學業的、行為的、社會性的策略，以供學生使用（Jones & Jones, 1995）。這些策略通常都是欄位的抬頭。要在卡片的邊欄上列出所上的每一堂課的名稱。

　　學生帶著卡片從一間教室走到另一間教室。每一位教師必須在卡片上以（＋）或者（－）號，指出學生是否出現目標行為。學生的個案管理員或者資源班教師為學生每天準備卡片，並交給學生。最後一位教師在填完卡片後，將卡片轉交給個案管理員。學生因為攜帶卡片及從事目標行為而得到代幣。他每週圖繪獲得

的點數,並從喜歡的物品清單中選擇一份增強物。學生也可以選擇儲存所得的點數,以獲取需要額外點數的增強物。

　　一開始,學生可能因為做事沒有條理,無法在教室間攜帶卡片,有幾個方法可以有系統地引進通行卡。一開始,普通班老師可能要保存卡片,提示學生從事目標行為,並且確保那張卡片每天都回到特教老師身上。另外的做法是先將卡片引進一個環境,待成功後再引進其他的環境。最終的目標是要學生自行負責保管卡片,同時要自己提醒普通班老師每一小時都要填卡片。

　　通行卡增進學生在多種環境中的有益行為。它也促進老師們的合作,改善學校與家庭之間的溝通(Carpenter, 2001)。圖 3-8 是通行卡的一個實例。

安全堡壘

　　亞斯伯格症學生常將學校視為一個很有壓力的環境,其中有多種強大的壓力源,包括因為改變作息而無法預測要發生的事件、進入狀況、了解老師的意向,以及和同學互動。這類特殊學生常常無法以合理的方式告訴他人,他們正承受壓力或有困難處理壓力。通常他們都是晃神、做白日夢,或者以好像溫和且單調的語氣說「我不知道要做些什麼」。因為這些話不帶有情緒,老師常常沒有注意到。然後,突然在某一時間點,沒有任何的導火線,學生就突然進行口語或行為的攻擊。這些行為似乎是無法預測的。

　　某些亞斯伯格症學生在學校不會表現出這些行為。有時老師

	學生可以遵守老師的教學嗎？	學生有帶全部的應用物品嗎？	學生有完成作業嗎？	學生有繳交家庭作業嗎？	教師簽名
閱讀					
自然					
地理					
學習技巧					
英文					
西班牙文					
加分	下車後到導護人員那邊嗎？			有聯絡簿嗎？	
總計	＋　　　　　0				

通行卡

日期＿＿＿＿＿＿＿＿

符號：＋＝是　0＝不是　NA＝不適用的

教師評語／建議／宣布：

圖 3-8　通行卡範例

會說這些學生在校表現不錯，即使有學業與社交的困難。然而，家長報告說，當這些兒童回到家就失控了，他們會發脾氣、哭喊，或者攻擊。這些學生似乎用盡力氣在校自我控制，一旦他們到達安全的環境，他們就讓鎖在內部的某些壓力釋放出來。

教育工作者可以做些什麼事來幫助這些學生處理在校與在家的壓力呢？除了教導他們如何認識與管理自己的壓力外，教師也可以為亞斯伯格症學生創造一個「安全堡壘」。這是一個當學生覺得他們需重新獲得控制時，可以去的地方。當學生覺得他需要離開教室，他可以拿著作業到安全堡壘，在一個較少壓力的環境中做事。學校的工作人員可以常常重新安排學生每天的作息，所以他們可以將「安全堡壘」當做一天之始，然後常常去那裡。這讓學生與老師之間有個長期且一致的關係，而且當有需要時有個地方可去（Myles & Adreon, 2001; Myles & Southwick, 1999）。

教學順序

教師必須提供教學順序以協助學生獲得資訊。這個順序包括有效課程的傳遞，以及適切的家庭作業分派（如果決定要分派的話）。

原因說明

亞斯伯格症學生常需要了解為什麼他要精讀的概念與他有關。因此，老師必須告訴學生：(a)為什麼訊息是有用的，(b)學生可以如何用它，(c)與他已擁有的知識之間如何適配。如同其他特殊學生，亞斯伯格症學生需要在學習前就要向他們說明學習這些課程的理由。

教學

　　教師向學生解釋即將學習內容的目標，並且清清楚楚地告知學生所需要學的是什麼。然後，使用直接教學的形式，教師使用視覺與聽覺的刺激來教導內容。教師將內容分解，並且一小段一小段地教。此種教學法是主動的，要呈現教學內容、問學生問題、提供正確的回饋。換句話說，直接教學法不是給學生有實例的學習單，然後告訴學生照著做就好了。

示範

　　在示範階段，教師先引起學生的注意，然後秀給學生看他要做的事情。教學者展示如何完成一張學習單、參與團體活動、開始一個計畫等。重要的是，教師示範學生如何正確地完成一項功課或者作業，而不是告訴學生不要做什麼。很多亞斯伯格症學生知道什麼不應該做，但不知道要做的是什麼。

　　示範要常常做。有些亞斯伯格症學生需要在每次的拼字測驗之前，提供如何找到訊息的示範。教師應該為這些學生一一說明每個指示，最好是用視覺的方式來呈現。例如，教師不能夠因為學生都是拼二十個生字，就假設學生知道要數到拼字紙的第二十頁。這些學生很可能無法體會教師所隱含的弦外之音。

詮譯學生的情緒狀態

在整個上課過程中，教師需要很仔細地監控學生的情緒狀態。因為亞斯伯格症學生常有單調的，甚至似乎是負面的情感，因此很難得知他們什麼時候會因不理解上課內容而有挫折與壓力。教師需要與學生共同去了解他是如何地溝通其情緒上的挫折，然後經由額外的教學、示範，或個別的教導來滿足他們的需求。不能進行此一重要的步驟可能導致學生晃神或者爆發行為問題。

確認

因為亞斯伯格症學生有狹窄視野、分心與不專注的傾向，在教學的過程中，要讓他們主動地參與。要以肢體提示他們注意相關的刺激，且常要問他們問題。肢體提示可以有下列形式：教師站在學生旁邊、輕敲學生的桌子，或者使用事先安排好的訊號（例如：清喉嚨、放一枝筆在學生桌上、將手放在學生的肩膀上）。

對於需要很長時間來處理訊息的亞斯伯格症學生，教師可以安排一個策略讓學生知道何時他會被問。例如，老師可能告訴學生只有當老師站在學生旁邊時，才會問他問題。老師可以採取此一策略，剛開始時，只問學生知道答案的問題。在教室中的其他人不需要知道他們的這項協定。

第二種策略是事先告知學生他會被問的問題。問題的呈現依學生的需要可以是書面的、口頭的，或兩者兼具。這樣，學生就

可以放輕鬆地學習上課的內容，不需要擔心沒有準備就要回答問題。

確認也包括類化的成分。教師應該與學生共同確認他們知道策略的內容，而且知道如何應用在不同的情境與教學者身上。

家庭作業

教師、家長與照顧者應共同決定是否要分派家庭作業。如果是的話，要多少。因為亞斯伯格症學生極需結構，最好在安全堡壘或者學習的教室間就可以完成分派的功課。

如果分派了家庭作業，最好使用作業用的筆記簿以及家庭聯絡簿的系統。這個做法是必須的，因為家長與照顧者將扮演一個主動的角色，確保學生完成作業了。家長或者照顧者需要建立一個監控學生完成作業的做法，類似於老師在學校中的做法。此外，他們很可能需要協助學生澄清與概覽評量的內容。某些情形，家長要示範功課的內容給學生看。因此，教師必須確定家長或者照顧者知道家庭作業的內容。這通常很困難，因為老師不能夠只是送給家長一張通知，這張通知有可能永遠到不了目的地。沒條沒理的亞斯伯格症學生可能會將通知放錯地方，或者將通知埋在背包底下，而且忘了放在哪裡。

為了促進家庭與學校的溝通，有些學校建立了家庭作業專線，學生與家長可以打此專線來聽分派作業的內容。此一系統對於亞斯伯格症學生及其照顧者很理想。

動機

　　許多亞斯伯格症學生很難引起動機。他們常常無法看到做功課的理由。而且常常以不太圓融或甚至直接的方式向老師訴說（例如：「這沒有意義」、「世界上沒有人這樣做」、「真是笨啊」）。這些學生不是故意要衝撞任何人，他們只是說出他們認為的事實而已。

　　下列是一些引起亞斯伯格症學生動機的一些方法：

- 說明做功課的理由常可引起學生的動機。雖然如此，如果學生喜歡與你口頭爭辯，完成功課的理由有可能以一系列的「是的，但是……」為起始的陳述，說明為何那些理由與學生不相干。

- 另外一個激勵學生完成任務的方法是承認學生的陳述，然後提供一個整體的規則（例如：「我知道你認為沒有人是這樣做的，但全班同學都……」）。

- 作業與學生著迷的興趣相關的話，常可引起他們高度的動機，如果此一著迷是次要的興趣的話。由於他們渴望討論、學習、閱讀這些特別的興趣，他們常會急於完成與此主題有關的作業。

- 採用「普萊美法則」（Premack principle）或者「祖母法則」是第四個可引起他們動機的方式。教師可以在視覺的作息表上設定順序，即完成不喜歡的事，學生就可以做喜

歡的活動。

- 與同儕一起做功課常可引起學生的動機。因為社會互動的動機常很強烈，因此當在配對或小組中工作，許多學生將會完成不喜歡的功課。

- 如果動機仍然有問題，教師應決定學生的抗拒是否與動作技巧有關。由於他們精細動作的問題，書寫是有困難的，因此作業就受到影響了。提供電腦來完成作業，或者向同儕或者錄音機口述作業，常可激勵學生開始做作業。有些作業可以將論文寫作調整成為選擇題，以減少書寫上的要求。如果老師不是要測試書寫能力的話，沒有理由要求學生要以書寫的方式來完成作業。

教師互動策略

　　亞斯伯格症學生的家長常說某些老師會決定學生在校是否成功。他們界定各種能與學生需求適配的教師特質，這些特質常常是無法加以測量的，這些特質是比較涉及人格層面的。整體來說，這些老師在教室經營上是前後一致的，他們的行動也是可以預測的。他們傾向不要過度依賴「由上而下」的經營取向，如果可能的話，允許學生有所選擇。這類的老師可以了解亞斯伯格症學生，可偵測出他們的壓力水準，如果需要的話，會提供學生所需。下列包括一些其他有用的教師特質：

- 對於亞斯伯格症學生的特質有許多切實可用的知識。

- 發展出與學生之間的信任感。
- 接受學生在認知與社交上的能力，以及其學習的潛能。
- 接受學生的本來面目。
- 與學生在校的角色有所關聯。
- 享受與學生一起工作，且能說出那種享受。
- 對學生示範完成事情是愉快的。
- 指出學習是互相的。
- 充當非侵犯性的協助者，而不是一個獨裁者。
- 平和地對待所有的學生。
- 提供沒有威脅性的回饋。
- 不會長篇大論，但需要時會提供一般性的指引。
- 傾聽學生，分析學生的需要，依此調整課程。
- 避免問「為什麼」來了解學生的行為。
- 說明期待出現的行為，並提供範例。
- 使用短句。
- 限制每次教學的量。
- 提供多於一種感官的教學，知道大部分這類學生最強的是視覺記憶。
- 使用一種事實性的且沒有情緒性的語調來重新引導學生。
- 使用普遍性的原則（「當我說話時，班上每一人都要注意聽」）。
- 以可以預測與可信賴的方式來行事。
- 提供足夠的等待時間讓學生有時間來學習教學內容。

●提供可以預測的教室結構。

結　語

　　因為他們的智力水準，亞斯伯格症學生在學校是有可能成功的。但是，智力本身無法保證他們擁有所需的結構與支持。教育人員必須調整環境，並教導這些學生在求學生涯中可用得上的策略。這些學生的成功要整合視覺的、結構的與動機的策略。選擇教師對於他們的成功是同樣重要的，教師的特質要與他們的需求適配。支持措施必須考慮到學生的需求可以得到最佳的解決。

第四章

計畫成功的行為

- ◆ 社會性與行為評量
- ◆ 塑造成功行為的策略
- ◆ 亞斯伯格症學生的權力對抗與攻擊行為
- ◆ 結　語

　　亞斯伯格症兒童與青少年特別有社交怪異、社會性互動困難、行為問題,以及較輕程度的攻擊等傾向,雖然亞斯伯格症兒童與青少年常常有動機社會性地接近和參與同儕及成人,但在適於其年齡與互惠式的社會技巧上仍嫌不足,像是那些需要用來參與合作遊戲和相關活動的技能。這些兒童與青少年常被他人形容成社交僵硬或怪異、沒有情緒變化、缺乏社會性覺察力、只專注在自己、沒有同理心、易於表現出令人無法接受的社會性行為,以及不敏銳或無法覺察對於口頭的及非口頭的社會性暗示。的確,事實上,亞斯伯格症學生的每一種教育特徵都和他們的行為及社會性技巧相關聯,因此,專業人員及其家庭必須提供特殊專業的支持,讓這些兒童與青少年在學校與家庭能夠經歷並感受到成功。這個章節將提供專業人員及家庭行為管理的選擇。

社會性與行為評量

　　評量亞斯伯格症兒童及青少年的基本模式和其他人相同,不論他們是否身心障礙。有效的實務成分如下:(a)界定並評量至少一個行為以進行改變;(b)分析目標行為的功能與相關環境的、前事的因素;(c)選擇、實施和評鑑適當的介入和處遇。每一個要素都將在本章節以亞斯伯格症兒童與青少年相關的方式討論。

界定並評量行為以進行改變

　　界定並評量需要修正的行為時，必須先具體化那些目標行為，有些行為像是「非互動式社會性回應」、「聽覺過度敏感」和「感官與情緒負擔過重」等，對不同的人來說代表不同的意義，所以不適合當做介入計畫中的目標行為。相反地，目標行為必須具體化，以使得它們能確切反應到底該行為是什麼（例如：我們不應該說一個孩子有聽覺過度敏感的問題，而應該指出該目標行為是「大聲尖叫」），行為發生的地點及時間也應該具體化（例如：在任何教室都大聲尖叫，還是在學校上課期間的室內環境大聲尖叫）。如此的具體性有助於參與改變計畫的成人了解並評鑑介入成效，也讓亞斯伯格症兒童與青少年知道這個狀況，並代表自己和參與者一同為計畫而努力。

　　在介入計畫實施之前，行為資料應該定期且精確地評量，這樣的評量在策略施行後還要繼續，最適合亞斯伯格症兒童與青少年的測量選擇包括頻率計次（所觀察特定行為的發生次數）、持續時間評量（行為持續的時間長度），以及間隔和時間樣本。間隔和時間樣本是將一段觀察分割成平均的時間段落，接著觀察目標行為是否在每個段落發生；間隔樣本需要整個時間段落的觀察（例如：三十秒），而時間樣本則是在每個段落時間結束前對目標行為做短暫觀察（例如：觀察者記錄兒童是否在每個三十秒段落結束前發生特定行為）。

適當評量程序的選擇依據目標行為的特質及資源的有效性；例如，如果目標行為是發脾氣，就應該選擇持續時間評量而不是頻率計次，因為一個兒童發脾氣的時間長度要比次數提供更多資訊；相似的情況，如果介入計畫的目標是減少一個兒童在特定課堂離開指定座位的次數，頻率計次會比較合適。

分析目標行為的功能與相關因素

分析目標行為的功能與相關因素意圖回答兩個問題：什麼促使問題行為發生？以及當行為發生時，最有可能及最無可能呈現什麼狀況？舉例來說，一個兒童將不適當行為當做吸引同儕注意力的工具，是因為他缺乏較適當的方法來達到獲得他人認同的需求嗎？該行為比較有可能發生在某些時候、某些人在場時，或某些場所或環境嗎？一個目標行為最有可能發生在學生進行某種作業時嗎？知道一個行為的動機或者它與特定行為的關聯，明顯有助於發展適切的介入計畫。例如，確定一個兒童主要是和某位教師助理員發生爭執行為，而不是所有的教師和職員，說明了該行為可能的原因，並因此協助我們創造出最有可能正面影響目標行為的介入計畫。

這種確認目標行為的環境及其他前事因素，加上行為動機的過程，就是所謂的功能性評量，在這個脈絡下，一個前事便是任何發生在問題行為之前的變項，像是一個特定社會性行為發生在一天當中的時間、學生展現問題行為之前老師給的教學指令等。

這個過程中一個相關的詞彙是功能性分析，功能性分析是一個更為特定的過程，是由主導功能性評量的人系統性地檢驗目標行為的功能與前事假設，基於對這些變項的了解便能發展出適切的介入計畫。因為亞斯伯格症學生常常展現令人難以理解的行為，功能性評量及功能性分析的資料是必要的。的確，沒有這些資訊，要精確地為亞斯伯格症學習者計畫出有效的行為管理計畫，是極度困難的。

有兩個主要的一般假設與實施功能性分析或評量有關。首先，我們假設亞斯伯格症兒童與青少年的行為就像所有的人類行為一樣，有其背後的目的；因此，評量亞斯伯格症患者的行為與社會性互動的專家及其家人，必須要假設這些行為反應是有目的的，無論它們看起來有多麼不具功能性。由此可知，這些行為反應滿足了某些需求，或者是設計來達成某些目標，像是溝通、逃避不想做的工作等，即便其形式（例如：兒童溝通的方式）及功能（例如：兒童為何溝通）看起來毫不相干。

第二個和功能性分析或評量有關的假設是行為為前事及其他環境因素的控制，或與它們相連結，行為的後果則是他人引發的反應。例如，一個兒童主動對同儕進行不適當的社會性行為，也許經常性地得到大人口頭告誡的後果反應。

功能性分析是根據間接與直接的程序，間接的方法包含學生紀錄與檔案的審閱和分析；訪談專業人員像是老師、醫師、家長和學生本身關於特定行為和社會性互動的型態；以及功能性評量

表和問卷。相對地,直接的功能性分析的方法和程序,便仰賴直接的觀察和直接對與特定行為反應相關的前事和後果變項的檢驗,具體的直接功能性分析步驟包括 ABC 分析〔A ＝前事（anteced-ent）,B ＝行為（behavior）,C ＝後果（consequence）〕和分布圖。

間接功能性評量方法

　　一個了解學生行為前事與動機的主要初始資料的來源,就是他或她的紀錄和檔案,如表 4-1 所示,各樣的資料來源幾乎總是能幫助專業人員及家長了解兒童及他們的行為。例如,一個學生的檔案資料反映出嘈雜的環境,像是擁擠的餐廳和體育館最容易令學生感到心煩意亂,而且甚至可能引發脾氣,或者教室當中人員的改變（例如:一個代課老師）就可能和社會性退縮有關。這些獨立於其他資料與數據的分析並不足以完成適當的功能性評量與分析;然而,這些數據與資料形成了解兒童及其行為的基礎,並引導後續之功能性評量與分析的步驟。

　　另一個蒐集間接功能性分析的來源是訪談專業人員、家長與學生。的確,經由資訊提供者進行評量十分仰賴教育者與其他專業人員,以及家長與家庭成員的訪談使用;此外,當有可能時,亞斯伯格症學生也應被包括在訪談名單中。由這些訪談得到的資料,提供與學生社會性互動和行為相關的前事和動機的背景及了解。再者,這些資料提供一個跨個體相互比較應對方式的管道;

表 4-1　回顧紀錄資料實例

醫療／生理	社會性歷史	對環境的反應	教室與教育
成長與發展史	家庭社經地位	對環境改變的應對	同儕互動
視力與聽力	家長職業		喜好的活動
		對以下狀況的應對：	
用藥	手足	噪音	教育安置
過敏	照護的安排	各類食物 光線	成績
健康紀錄	家庭支持	人群 溫度	個別化教育計畫
疾病		要求 同儕	對規則的反應
			問題行為
			對困難工作的反應
			對時間要求的反應

例如，知道一個兒童的攻擊行為只出現在特定教師或家庭成員現身時，對計畫適當的行為管理及提升社會性互動的課程有極大的幫助。圖4-1所呈現的訪談表格，提供一個獲得目標行為前事情境相關資訊的實例。

　　量表與問卷是第三種間接功能性評量及功能性分析資料的來源，這些工具是設計來指出和目標行為相關之可能前事變項和引發因素，這些工具在品質上有很大的差異，有些提供絕佳的背景資訊和數據資料。例如：路易斯、史考特和蘇愷（Lewis, Scott, and Sugai, 1994）提供了一個簡單的問卷，設計來引出特定行為問題的資訊，根據「一個問題行為的典型情節」，這個工具用來評量時間的百分比（如：範圍從**不曾**到**總是**），每十五個陳述對某位特定學生來說被當作是真實的（如：這個問題行為發生在特定的學業活動當中嗎？）。這項工具讓執行功能性評量者產生資訊，並發展出關於前事變項，以及同儕與成人對逃避或引起注意功能感受的假設。一個相似的量表——動機評量表（Durand & Crimmins, 1992），提供執行評量四種可能的行為功能：感官、逃避、注意力和具體物品的專業人員所需的資訊。

直接功能性分析方法

　　相對於非直接功能性評量，直接功能性分析包含直接觀察學生以分析他們的行為，進行直接功能性分析的第一個步驟是操作性地定義並評量目標行為，也就是說，一個適當的社會性互動行

被觀察者姓名 _____

觀察者 _____

目標行為的觀察定義 _____

_____

_____

目標行為的時間點

目標行為主要發生在

☐ 結構性活動

　解釋：_____

☐ 非結構性活動

　解釋：_____

☐ 講課或團體討論時間

　解釋：_____

☐ 與他人工作或遊戲時間

　解釋：_____

☐ 獨自工作或遊戲時間

　解釋：_____

☐ 自由時間

　解釋：_____

☐ 課堂轉換時間

　解釋：_____

☐ 主要在上午

　解釋：_____

☐ 主要在下午

　解釋：_____

☐ 在特定的環境中（如：教室、餐廳、體育館）

　解釋：_____

☐ 其他

　解釋：_____

（下頁續）

目標行為與他人在場的關係

目標行為主要發生在

☐當和另一個學生在學校工作或遊戲時
　☐特定的同儕
　☐所有的同儕
　解釋：＿＿＿＿＿＿＿＿＿＿＿＿＿＿＿＿＿＿＿＿＿＿＿

☐當在家中或社區中與手足或同儕工作或遊戲時
　☐特定手足
　☐所有手足
　☐特定同儕
　☐所有同儕
　解釋：＿＿＿＿＿＿＿＿＿＿＿＿＿＿＿＿＿＿＿＿＿＿＿

☐當在學校與成人工作或互動時
　☐特定成人
　☐所有成人
　解釋：＿＿＿＿＿＿＿＿＿＿＿＿＿＿＿＿＿＿＿＿＿＿＿

☐當在家中或社區中與父母或其他成人工作或互動時
　☐父或母其中一位
　☐父母親兩者皆是
　☐特定成人
　☐所有成人
　解釋：＿＿＿＿＿＿＿＿＿＿＿＿＿＿＿＿＿＿＿＿＿＿＿

☐當學生正在進行某種形式的作業時
　解釋：＿＿＿＿＿＿＿＿＿＿＿＿＿＿＿＿＿＿＿＿＿＿＿

摘要分析目標行為發生的時間點、在場的他人，以及其他與目標行為的相關因素。

＿＿＿＿＿＿＿＿＿＿＿＿＿＿＿＿＿＿＿＿＿＿＿＿＿＿＿＿＿＿
＿＿＿＿＿＿＿＿＿＿＿＿＿＿＿＿＿＿＿＿＿＿＿＿＿＿＿＿＿＿
＿＿＿＿＿＿＿＿＿＿＿＿＿＿＿＿＿＿＿＿＿＿＿＿＿＿＿＿＿＿
＿＿＿＿＿＿＿＿＿＿＿＿＿＿＿＿＿＿＿＿＿＿＿＿＿＿＿＿＿＿

圖 4-1　環境與前事分析表

為，或其他社會可接受的目標行為是清楚地由界定其顯著因素而定義。例如，一個適當的社會性互動行為像是適當地和其他兒童遊戲，可能被定義如下：當下課時間在遊戲場時，華特會從教室走出接近同儕，並表現適當的合作行為（例如：玩繩球、跳繩、捉迷藏）至少持續五分鐘。

　　直接功能性分析的第二個步驟，是觀察並描述和行為發生及未發生相關的前事和後果，運用 ABC 圖表和分布圖是兩種進行分析的方法。

　　ABC 圖表。ABC 圖表提供一個結構性方法，來觀察及分析前事(A)、後果(C)，以及兒童如何反應與目標行為(B)相關的成人和同儕引發的反應(R)。例如，一個 ABC 分析聚焦於兒童在和同儕的團體合作活動中所展現的適當社會性行為，在這個階段當中，目標是「適當的社會性行為」(B)，而分析中的 A（前事）部分則包含教室情境、和兒童在一起的老師及同學、一天當中的時間、課程與教室活動、施予學生特定的教學和提示等；分析中的 C（後果）部分是當目標兒童展現或沒有展現適當的團體合作活動行為時，分析其教師與同儕的反應或回應；最後，分析該兒童對教師與同儕引發的後果的反應(R)。例如，學生因為其適當的社會性行為得到同儕的注意力而表現出高興的樣子，將是形成假設與發展有效介入計畫的重要資訊。

　　舉例說明：一位十六歲亞斯伯格症學生經常性地於下課時間在走廊上開始大哭和尖叫，在這些時段裡（四個五分鐘下課時

間），學校心理學家進行如圖 4-2 所示的觀察。心理學家發現這位學生習慣於下課時間跑到教室外面的走廊上，問其他學生是否注意到各種校規，這位學生十分精熟校規，而且事實上，他總是帶著一份學校的校規在身上，他提醒所有學生在學校裡抽菸是違反校規的，如果有人被發現抽菸，就會有學校安全人員前來處理。為了回應這些警告，他的同儕開始暗示他，做學校手冊裡不被接受的行為是沒關係的（例如：學生可以在學校抽菸），面對這樣的反駁，這位亞斯伯格症學生試著給他的同儕看書面規定，但是

時間	情境	工作	行為(B)，後果(C)和反應(R)分析
8:55-9:00	教室外的走廊 （下課時間）	無	B：目標學生接近一群學生為了提醒他們校規，開始唸出各種校規，以及違反校規的結果。 C：同儕忽視該學生；有一個同儕叫他走開。 R：目標學生後退並向全班唸規範手冊。 B：目標學生重複唸校規；提醒同儕學校安全人員可能會來執行校規。 C：同儕告訴該名學生校規規範不了他們：「渥克先生（校長）說在學校抽菸沒有關係。」 R：目標學生試著給同儕看書面規定，當同儕拒絕看校規手冊，並說安全人員就要來時，學生開始大哭並尖叫，持續到巡邏走廊的老師安撫才安靜下來。

圖 4-2　功能性分析觀察樣本

他們卻說他們會叫學校安全人員來「逮捕」他，於是這位學生感到沮喪且開始尖叫，這使得他的同儕很高興，又因為這些大哭與尖叫，老師與行政人員便試著安撫或教導這位學生。

　　使用如圖4-2所示的功能性分析方法並不能保證是一份有效的介入計畫，但是，功能性分析是一項有效度且有效率的工具，用來了解學生問題的變項與結果，還有用來設計及實施適當的介入計畫。

　　分布圖。分布圖是用來協助確認與目標回應相關的前後情境，也就是說，它們是用來了解目標行為和時間、情境、活動、人員等的相關。例如，觀察一個兒童在教室當中說話的行為，接著把她帶到教室外面，以確定她課程的某些部分是否與其行為比其他因素有更高的相關。

　　直接功能分析的第三個步驟是分析直接與間接的功能分析資料，以找到可能的前事與後果，並形成假設來解釋目標行為。例如，在圖4-2所示的例子當中，教師及職員可能會假設學生這些與校規有關的社會性互動，與下列一種或更多種因素相關：需要同儕的注意力、無法了解一般同儕互動模式，或者其溝通僅僅基於狹隘的強迫性興趣。

　　確認與目標行為相關的可能假設後，直接功能性分析的第四步就是要驗證假設，驗證就是系統化地觀察在各種不同的前事及後果情境下的目標行為。例如，在圖4-2的例子當中，教師與職員決定學生的問題行為的功能可能是想要獲得同儕的注意力，加上

無法了解一般同儕的互動模式，藉由系統化地提供學生更多適當的方式以吸引同儕注意力，和改變同儕討論話題，他們就有可能得知這些假設的理由是否切中問題行為，接著這個診斷性的解答便能用來發展適當的介入計畫。

塑造成功行為的策略

如同之前所概述的，這些引領我們去選擇、實施和評鑑亞斯伯格症學生適當介入計畫的步驟只是個開端，但卻是不可或缺的步驟；也就是說，一個介入計畫不可能成功的，若是沒有清楚界定及評量的目標行為、對顯著前事變項的完整分析（例如：與目標行為最有關聯的課程或活動、與問題連結的人員、和問題行為可能最有關係的環境、一天當中最有可能及最不可能發生目標行為的時間），以及對引發特定反應的功能的了解（例如：注意力、無法理解、溝通、逃避不想做的活動）。同時，前述的資訊並非總是能輕易地揭露一個清楚和單一的介入計畫；例如，知道一個兒童離座的教室行為通常發生在數學課和獨立書寫作業時間，所以其動機可能是試圖逃離某些活動，但卻無法自動告訴介入團隊使用什麼策略是最有效率與效能的。因此，在目前呈現的例子當中，介入計畫應涵蓋一項或更多項下列的策略：作業的調整，包含難度、長度等，鼓勵完成作業的社會性協助與增強，運用同儕協助學生完成指定作業並給予學生社會性支持，運用自我監控與

自我增強策略，以及運用其他的方法策略。事實上，適當介入策略的選擇需要從眾多選擇當中考量最適合特定學生與情境的，亞斯伯格症兒童與青少年對各種策略的反應、偏好及忍受度常常因人而異，所以沒有一套可靠的公式可以完全套用在一個介入或支持計畫上。但是，無論是否有可靠的、一般性的介入公式，家長及專業人員卻可以根據介入前蒐集的資料和數據，結合個別學生獨樹一格的特質考量，創造出適當的支持計畫。

因為亞斯伯格症學生獨特及個別化的特質，建議介入團隊考慮使用多樣化且有效率的實施方式，這些方式可以按以下的標題來分類：(a)環境結構化與支持方式，(b)行為介入。因為亞斯伯格症學生在壓力的情況下有崩潰的傾向，因此也建議加入處理這些問題的程序。

結構化環境以塑造成功的行為

我們都很清楚亞斯伯格症兒童與青少年並非用和他們一般同儕相同的方式學習社會性行為，也就是說，他們無法自然地且隨機地學習無數高度複雜的社會性反應，幾乎所有的這些反應都會因為情境而至少有些微的不同。例如，從很小的時候開始，兒童就被期待從不同的情境當中，區分何時和其他兒童說話和互動較適當（例如：在下課時間而不是在教室的「安靜時間」），以及選擇符合各種處境、情況和興趣分享的會話主題。因此，一個和同儕排隊等待輪流踢球的兒童，比較有機會經驗到和同儕關於球

賽或類似活動的正向對話回應，而不是與其他學生聊些他們沒有興趣、不相干的、特定的某些話題。

　　大部分亞斯伯格症兒童與青少年在沒有他人協助的情況下，會展現各式各樣不正確的、不能為人接受的，以及非雙向互動式的社會性行為，再加上沒有支持的情況下，這些人在應對情緒壓力上十分脆弱，很容易為他們自己所誤解的社會情境所激怒，結構化對亞斯伯格症兒童來說，也能將他們被同儕取笑、欺凌或占便宜的機會降到最低。

　　世上沒有一套對亞斯伯格症兒童絕對有效的結構化環境及情境的方法，不過一般來說，這些兒童都受益於可預測的環境，來自於能夠預測和了解環境、時間作息和可預期的安全感，幫助這些兒童保持冷靜，也使得他們能夠適當地合乎不同教室、家庭和社區中的要求。創造這種結構的程序包括：(a)對社會性行為建立清楚的期望和規則，(b)製作每日例行活動與作息時間表，(c)提供物理空間的、環境的、認知的與態度上的支持。

期望與規則

　　運用社會性及行為表現清楚的期望，是建立亞斯伯格症兒童結構比較有效率與效能的一種方法，這種期望的重要性對建立這些兒童的行為及社會性的成功是顯而易見的：亞斯伯格症兒童與青少年在日常生活上對理解期望與後果經歷許多困難。因此，和這些兒童打交道的成人必須清楚明確地陳述、示範並舉例說明規

則，包括什麼是適當的行為；也就是說，亞斯伯格症兒童不只應該被教導什麼事不該做，還有什麼是可被接受的行為。例如，學生不應該只是被告知他們不可以在學校旁邊老師停車處且沒有圍牆的地方玩；相反地，他們更應該被教導可以玩的地方是鋪好路且圍牆圍住的學校周邊區域，沒有這樣清楚的指示，就不能假設亞斯伯格症兒童能了解並遵守規範。

　　為這些兒童所設立的規則也應該要是非常實用的，雖然這樣的建議明顯地適用於所有的兒童，但似乎對亞斯伯格症兒童格外重要。規則導向的功能性價值指的是要建立與增強可以明確促進學生社會性和認知發展的規則；例如，成人不應該只設立那些僅是用來發展兒童的順從性，或者只是表現成人是「控制者」的規範，如此一來便失去功能性價值。

　　同時，規則和期望應該定期地檢視，而且兒童應該藉著演練在教室、家庭與社區中適當的行為，以及模擬可能的問題情境來練習這些規則；最後，成人應該仔細監督規則的實施、維持一致的期望，以及對後果的施行保持一致性。

　　教室及家庭中行為的期望可結合在日常生活作息時期望的複習；例如，成人可以在下課之前簡短複習遊戲場的規則，或者在進入超市之前複習適當的超市行為，教室及班級規範應以視覺方式呈現，像是在布告欄上張貼某個活動的適當規則，範例如下：

▶自由閱讀時間

> 選擇一本書或雜誌閱讀，
> 你可以在教室的任何角落閱讀，
> 你可以和朋友一起閱讀，
> 你必須安靜地閱讀，
> 當計時器響起時，安靜地回到你的位子上。

　　期望和規範也可以視覺方式呈現但不用書寫文字。在這樣的情況下，圖 4-3 具體描繪出結構化休閒時間選擇的視覺方式，這是為一位在自己贏得的自由時間，而難以選擇及持續進行適當活動的學生設計的，這位學生被要求從所示的休閒中挑選一種活動，然後持續進行他選擇的活動至少十分鐘。

　　另外一種幫助學生了解與遵守規範的方法是成人給予暗示，或使用肢體提醒學生他們的行為是不被接受的；例如，老師可以說明，當他觀察到有人在下課時間沒有輪流玩遊戲時，他會舉起寫字板。此一情況，一旦學生看到老師把寫字板放在頭頂上時，就要到老師處接受適當遊戲行為的教學引導，並且複誦教學引導。

例行活動與作息時間表

　　例行活動與作息時間表也能夠利用亞斯伯格症兒童與青少年在對預測性的、順序與一致性的偏好，來提供他們結構。大部分一般兒童與青少年都能夠有效應對環境的多變性，也能適應周遭千變萬化的世界；相反地，亞斯伯格症兒童與青少年傾向將焦點

圖 4-3　視覺化結構休閒時間選擇範例

放在特定的環境變項上，而且對周遭環境的改變有強烈的負向反應。例如，一個青少年可能無法應付他從學校廣播系統聽到的訊息，而其他亞斯伯格症兒童則可能因為全校集合，或惡劣的天氣而調整班級作息時，感到極端挫折。

　　雖然抗拒改變是亞斯伯格症患者常見的特徵，但完全按照作息而沒有任何偏差是不可能也不是我們樂見的。話雖如此，體認

到許多亞斯伯格症患者對日常慣例和一致性有強烈偏好是很重要的，所以和這些兒童定期接觸的教師、家庭成員和其他人要有智慧地建立及依循可預測的日常慣例，並且在可預期的改變來臨前幫兒童準備應變。例如，在討論學生的狀況之後，家長可能會走另一條路線到學校，雖然這種改變微不足道，但對亞斯伯格症兒童可能很重要。

當運用策略協助兒童應付改變時，將例行活動及一致性建立在兒童的喜好上是重要的，因為學習適應改變對亞斯伯格症患者的幸福與發展有明顯的重要意涵，可以書寫、圖片或合併兩者的方式來呈現團體及個別的時間表，如圖 4-4 及 4-5 所示，對溝通每日活動作息順序，和提醒兒童新的活動或作息改變是很有用的。

物理空間的、環境的、認知的及態度上的支持

物理空間的、環境的、認知的及態度上的支持是運用足夠的資源，有效地在各種不同的安置環境中支持、管理和監督亞斯伯格症兒童與青少年，這些環境包括教室及其他學校環境，像是遊戲場和餐廳、家庭環境，和社區環境，像是購物中心、教堂和休閒場所。

最重要的是，亞斯伯格症兒童與青少年要與適切的成人和同儕相處，這些人要能了解亞斯伯格症，了解他們個別的需求，還能夠創造環境與情境以支持他們的需求。亞斯伯格症兒童需有父母、家庭成員、同儕、老師和其他支持者（例如：心理師、語言

時間	活動		時間	活動	
8:45	到達	書包	12:14-12:40	午餐	
8:50-9:22	寫字拼音 ABC		12:45-1:00	故事時間	
9:25-10:25	美勞		11:00-1:30	團體時間	說話
10:30-11:00	閱讀		1:30-2:05	社會	
11:00-11:15	點心	體育	2:05-2:40	數學	
11:20-11:55	語文	音樂	2:40-3:10	角落	
12:00-12:10	打掃	洗手間	3:15-3:20	書包	打掃 放學

圖 4.4 國小學童視覺時間表

十一月一日　星期四		
科目	教室號碼	目標
原班教室	8	檢視「應做之事」作業
數學課	9	寫回家功課
語文課	10	帶鍵盤和日誌
體育	11	和支持他的同儕在一起
午餐	12	和麥克坐在一起──用社會性劇本聊天
科學課	1	檢查契約以集中注意力
歷史課	2	寫回家功課
資源教室	3	和泰勒老師檢視點數回饋系統
電腦社	4	玩得開心

圖4.5　中學生的書面作息表

治療師、教師助理員）的支持，這些人對於亞斯伯格症有豐富的知識與理解，又善於與他們一起相處。有太多的例子，同儕不但欺負亞斯伯格症兒童，還因為他們的無知，誘拐他們做不對的事，要不然就是利用他們的社會性障礙。因此，為這些兒童設置支持環境的主要步驟就是告知同儕及教師這個障礙的本質，說明他們在支持這些兒童時的角色，以及列出他們能協助保護這些個案的方法。

行為介入

對亞斯伯格症兒童與青少年學生的支持，也可以和這些兒童社會性特質相容的方式進行，在此一脈絡下，行為介入指的是：

(a)前事情境的操弄（在目標行為發生前的變項），例如：調整學生的作業以減輕壓力與避免問題發生；(b)使用正向或負向的後果處理（與特定的反應關聯的刺激物，例如：對於適當行為所給予的社會性讚美）。當考量行為介入時，應特別注意亞斯伯格症兒童與青少年的特殊性，這些兒童需要的行為介入策略並不是那些仰賴傳統由上而下的方式，對這群兒童最有效的策略應該是那些學生感到有興趣、願意投注心力和自行選擇的；因此，強烈建議亞斯伯格症學生參與計畫的發展與實施，這樣的參與可增加他們對規則、期望和後果的了解，也增加他們在計畫實施與評鑑中早期引導機會。

認知行為改變

認知行為改變是一種教導個體監督自己的行為、步調或表現，並且在設定好的間隔時間自我增強的一種技術。在這個策略中，行為控制的一方由外在來源，像是老師或督導，轉向個體本身，認知行為改變可以用來促進各種行為的改變，從無論在學校或工作場合的工作完成到工作行為都適用，這個方法最適合用於已有獨立完成工作所需的技能，但因為注意力困難而無法完成的學生；通常不適用於尚未具備工作所需技能的學生。實行認知行為改變所需的六個步驟如表 4-2 所示。

表 4-2　實施認知行為改變計畫的步驟

1.準備前的訓練

　　鎖定問題領域：實施認知行為改變（CBM）訓練計畫的第一步就是界定問題行為，建議每次鎖定一個行為。目標行為通常落在三個層次：(a)需要減少的行為（如：干擾的、分散注意力的或危及自己或他人的行為），(b)需要增加的行為（如：60%到80%的時間裡需要教師協助達成的行為），(c)需要維持的行為（如：80%的時間裡不需要教師協助而能達成的行為）。其中一個最重要的目標就是鎖定學生展現在某個程度，而需要增進其頻率或品質的行為。

　　學生應該主動參與尋找需要改變的目標行為，教師與學生應共同討論和定義不適當及適當行為，但教師必須對要改變的行為先有初步的想法；另外，教師應準備好該行為的定義，好讓它對學生產生意義。

　　確定增強物。通常在使用學生的喜好當做增強物的情況下，認知行為改變（CBM）策略比較容易成功，教師必須決定什麼樣的增強物伴隨認知行為改變（CBM）、給予增強物的頻率為何，以及將來如何褪除。雖然有三種增強物的形式可以使用（社會性、伴隨活動、實物／食物），教師應強調較高層次增強物的使用，特別是有社會性特質的增強物。

　　準備材料。有三種物品一定要準備：計時器、資料蒐集紀錄表，和自我管理工具，材料的準備、組織和使用應該要實用，如此一來學生和教師都能輕易使用。材料也應該要根據學生的喜好選擇。

　　計時器像是錄音帶或腕錶可以用來告知時間間隔，間隔的長度應該和學生對工作的專注時間相對應，一個時間訊號將告訴學生到了記錄行為的時間；例如，如果一個學生可以持續工作約十分鐘，時間訊號就應該要每十分鐘間隔發出，而學生需要被教導如何使用計時器。

　　資料蒐集紀錄表用來監督學生的進展，並確定策略的效果，資料蒐集的形式取決於何種資料的蒐集；例如，頻率資料讓教師能夠評量學生工作

的間隔次數，時間長度資料可以用來評量行為發生的分鐘數，教師可以選定方法將學生的進展綜合呈現在圖表上，基於所蒐集的資料提供學生進展的視覺呈現，學生也可持續畫記以顯現工作行為。

　　自我管理工具的形式取決於學生的功能程度與工作型態，學生可以使用和其他作業單相仿的自我監控單來記錄工作行為，老師和學生應該清楚地設計材料，並討論其用法，這樣才能一致又精確地使用。

2.區辨刺激訓練

　　區辨刺激訓練的元素協助學生意識到自己的行為，以及這個行為如何影響學習和成功完成工作；在這個階段中，學生被教導分辨適當與不適當的行為，以及完成與未完成的工作。區辨刺激訓練中所使用的教學方式有：錄影、圖片提示、直接教學、示範、口語回饋和整體工作中的身體引導。因為許多亞斯伯格症學生不明白他們的行為如何影響工作完成，所以提供具體的演示給他們是很重要的。

　　在實施認知行為改變的課堂中錄下學生的行為，是一個增進自我意識的有效方法，一段十五分鐘自習課的行為樣本，一般來說，便足以用來進行區辨刺激訓練。如果蒐集的資料是用來改變行為，至少必須錄下五天的行為。錄影帶幫助學生了解像是分心的工作行為和工作失敗之間的關係，學生看到分心的工作行為的具體證據，因而幫助學生清楚地認知他們實際的行為，不讓否認的機制遮蓋這個議題。然而應該注意的是，避免這個步驟成為一種懲罰，應該要強調專心工作行為的正向層面。

　　接著教師介紹認知行為改變，解釋這個策略將促進學生專心的工作行為和工作的完成，教師和學生一起觀看學生表現的錄影帶，討論學生對錄影帶中所見行為的觀感，然後學生指出錄影帶中三個專心的工作行為與三個分心的工作行為，並將它們記錄在自習行為圖表上。最後，教師和學生一起定義目標行為發生的特定標準，通常亞斯伯格症學生一開始會建議在所有的項目中達到100%的標準，但對大部分的工作來說這是不切實際的，教師應引導學生選擇一個合理的標準。也可以引導他們觀察另一個學生的

行為來發展這個目標。

3.自我管理實施

在自我管理實施這個階段中，教師解釋認知行為改變策略，學生將透過理論的吸收，以及直接教學、示範和引導練習來學習，自我管理的施行仰賴方法的使用，也視學生及其能力而定，因為每個人用不同的速率學習，所以要花上某人幾個星期學會的技巧，可能要花上另一個人一個月。

教師向學生介紹以下的步驟：

a. **自我監督**。學生聽時間訊號，當學生聽到訊號，他或她問自己：「我有沒有專心？」

b. **自我記錄**。學生快速地評量自己專不專心，如果是專心的，他或她便將自我監督表上的「是」圈起來；若學生並沒有在工作，他或她便將自我監督表上的「不是」圈起來。

c. **自我獎勵**。學生會說：「做得很好。」來獎勵自己的工作行為；如果學生沒有在工作，他或她便安靜地提示自己：「回到工作上。」接著學生立即回復工作。

教師利用之前準備好的錄影帶示範這三個步驟，教師和學生一起觀看錄影帶，藉著聽時間訊號、當聽到時停止錄影帶並問說：「（學生的名字）專心嗎？」示範自我監督歷程。接著教師說出答案，並在自我監督表上圈出適當的答案，最後，教師示範獎勵或提示詞。

教師示範策略幾分鐘後，學生嘗試觀看錄影帶時自我監督，剛開始時，教師必須指導整個過程並給予學生協助，在這個訓練的步驟當中，學生使用外顯的口語是很重要的，也就是大聲說出自我評量、獎勵和提示詞。

4. 自我管理獨立訓練

學生在老師的指導下練習策略使用，從外顯的口語開始，褪除到內隱的口語。這個階段從複習專心的工作行為與分心的工作行為、目的（專心於工作上）和策略的目標（在自習時間完成指定工作和自我監督的行為）開始。過程中須依循的步驟（自我監督、自我記錄和自我獎勵）也都要複

習，最後學生使用錄影帶、時間訊號和自我監督表大聲討論。學生用外顯的口語持續這個過程，直到變成例行習慣，且學生能正確地運用時為止。當學生正確無誤地遵循這樣的過程，他或她便在指導下開始褪除清楚的口語到低聲說話，然後到內隱或靜默的口語，此時老師持續地對學生的進展給予回饋。

在這個時候，學生不再需要用錄影帶自我監督自己的專心工作行為，但在自習時仍要使用這些策略，計時設備和自我監督表放在學生桌上，教師可以選擇持續拍攝自習時間三至五天，讓學生看到整個過程。另外，教師蒐集每日學生行為的數據資料以建立策略的效能，當策略看起來似乎有效時，教師可以選擇停止每日的資料蒐集；然而，教師仍是繼續監督學生是否正確使用策略，並能保持專心工作的行為。

5.治療的褪除

這個策略的最終目標是讓學生能夠用可以接受的速度，獨立完成目標行為；因此，要使策略被認為有效果，老師在方案中的角色應該褪除。執行褪除應該和區辨刺激訓練、自我管理的實施和自我管理獨立訓練的初始階段一樣謹慎考量；也就是說，即使教師持續監督目標行為，學生也應該在沒有教師協助的情況下，開始並完成策略。如果不適當行為增加了，就需要再度評估與調整撤除的過程；學生對類化的準備度也應該要評估。

6.類化訓練

類化訓練在於使學生能自我監督跨不同科目領域、活動、教室情境，或三者兼之的目標行為；此外，它幫助學生找到此策略可能適用的其他類似行為。此階段的教學和訓練階段有相同程度的重要性，除非學生已經學會使用策略，且在需要時能夠修正策略，否則行為改變無法持續下去。

註：改編自《自閉症者認知行為管理方案的實施：專業人員指導手冊》（Implementing Cognitive Behavior Management Programs for Persons with Autism: Guidelines for Practitioners），作者：C. Quinn, B. L. Swaggart, and B. S. Myles, 1994，《聚焦在自閉症行為》（*Focus on Autistic Behavior*），9(4), pp. 5-12. Copyright 1994 by PRO-ED, Inc.

增強物

　　增強物和以使用行為為基礎的管理計畫相關，指的是在適當行為後伴隨正向後果或移除不愉快的刺激，以增加適當行為的發生機會；很明顯地，後者是比較不建議使用的。根據完整的環境與行為功能性分析，三種形式的正增強對亞斯伯格症兒童與青少年有特別有用：前後關聯（contingent）、社會性後果和代幣系統（見表 4-3）。

　　如之前所建議的，增強計畫能最有效地透過共同合作的社會性契約實施；在契約當中，成人與亞斯伯格症兒童清楚地界定他們的目標、期望和結果，學生應接受到的是非常有力且能引起動機的增強物。增強物應以表列方式提供學生選擇，這份清單應經常性地輪替不同的增強物，以確保學生不會對某種增強感到厭膩。這些計畫通常在讓學生可以使用自我管理與以認知為主的其他方法來實施最有效果。

行為契約

　　行為或是前後關聯契約提供教師及亞斯伯格症學生一個彈性的方式來滿足個別需求。舉例來說，一個契約可以用來教導新技巧、維持已存在的技巧、削弱不當的技巧，或提供新技巧學習的機會。行為契約是一份各方（例如：老師、學生、家長）之間的同意書，確認特定的行為將導致特定的結果，契約聚焦在正向的

表 4-3　增強物的種類

增強物	描述
前後關聯的活動	這種增強物在個體達到之前，所設定的特定表現或行為的程度時，給予某種喜愛的活動（如：電腦時間），例如，一個兒童在達成學業活動或行為所要求的標準後，便得以在教室的自由遊戲區玩拼圖。亞斯伯格症兒童與青少年常常對獨處有強烈的喜好（即使有時很不尋常），並常受益於先做教師引導的活動，後享受自己喜愛的活動這樣的結構安排，因而使得這樣的做法成為特別有效的工具。
社會性後果	成人與同儕提供前後關聯、支持性的、正向的口語及非口語的回饋，如果亞斯伯格症學生了解他人所溝通的社會性行為，以及其溝通的原因，這種工具是很有力量的。社會性後果必須仔細地定義並明確地使用，使學生得以正確地詮釋它們，這會是正向影響亞斯伯格症者行為與社會性發展最有效的方法之一。
代幣系統	這種增強物使用像是籌碼、遊戲錢幣和點數等可以換取想要物品的東西，代幣系統有極高的彈性，可提供亞斯伯格症兒童與青少年下列好處：(a)它們可以用來支持與補足其他類型的增強，包含前後關聯的活動與社會性後果；(b)代幣可以支援各式增強物，並且比其他類型的增強，較不受情境的影響；(c)給予代幣時不會干擾目標反應的進行（如：因為適當社會性行為表現，而給予學生籌碼時，並不妨礙社會性活動的進行）；(d)代幣可讓使用不同增強物的個體，彈性使用同一個課程；(e)代幣可以為專業人員、家長和其他人員使用；(f)贏得的代幣可以當作評量計畫歷程的實證基礎。

結果、技巧和後果（通常是增強物清單的形式），並以引領學生邁向成功的方式陳述。道恩（Downing, 1990）條列出發展、實施與監督行為契約的六個所需步驟，這些綱要如表 4-4 所示。

表 4-4　發展、實施與監督行為契約的步驟

1. 與相關人員開會

　　將支持這份契約的學生、教師和家長聚在一起討論出一個目標行為。

2. 決定情境

　　參與者決定何時、何地與在何種特定的情況下行為會發生，契約上將寫出這些情況。

3. 決定誰將使用契約以及在哪裡使用

　　所有將為契約執行負責的人都必須明白自己的責任。

4. 決定增強

　　學生應該被允許參與發展增強物清單的工作，增強物是要可以掌握的，但又要有足夠的力量引發適當行為。清單應常更換以確保學生保持高度動機。

5. 決定是否使用負向後果

　　契約以正向方式書寫以增加行為的發生，如果正增強物對學生有足夠的吸引力，負增強物可能不是那麼必要或正當。

6. 蒐集基準線資料

　　參與者決定行為發生的頻率，資料應蒐集至少三至五天以確定該行為對學生來說是典型的。

7. 決定增強時間表

　　參與者決定學生每隔多久接受增強物一次，契約應該要結構化，學生方能有成功的經驗，這將促使學生更進一步努力朝向契約目標邁進。

8. 決定目標

　　參與者決定成功完成契約的標準，設定實際且合理的目標，即使那些目標並未達成學生終極期望的水準，當學生一致地達成目標，便應該修正

契約往更上一層目標。

9. 書寫契約

契約應以工作內容、時間要求、正確率的標準和可獲得的增強物等格式書寫。

10. 討論契約與簽名

所有的參與者一起討論契約以確認大家都了解。對某些亞斯伯格症學生，有時需要在討論之中加上繪圖或圖像。所有的參與者都持有一份契約影本。

11. 監督契約的實施

如果有需要，參與者訂定計畫以評量與修正契約，所有的參與者應彼此保持定期的聯繫，以確定在不同情境中監督學生的進展。如果契約不成功，參與者需要討論工作內容的適切性、時間的分配、阻礙進展的環境或學生本身的因素。

註：改編自《前後關聯契約：一步步地詳細說明》（Contingency Contracts: A Step-by-Step Format），by J. A. Downing, 1990, *Intervention in School and Clinic, 26*(2), 111-113. Copyright 1990 by PEO-ED, Inc. Adapted with permission.

前事介入計畫

前事介入計畫也可以成功地設計來處理亞斯伯格症兒童與青少年的行為，前事調整並非仰賴後果的操弄；相反地，它結構化環境以減少行為發生的可能性。例如，一位亞斯伯格症兒童藉由看向走廊的分心行為，顯現出對走廊上噪音的不舒服，最好的處理方式是將她的座位移開，遠離噪音來源，而不是設定後果處理來修正這個不適當行為。一個學生經常性地顯示出因不理解抽象

代數方程式和幾何概念,而表現出與挫折有關的不適當言語行為和偶爾的攻擊行為,可能可以被成功地安排在其他的數學課中;因此,與其應用後果處理不當行為,前事操弄方法更能修正或減緩這些和問題行為有關的變項,各種變項的操作可以用來創造有利的前事情境,包括課程與結構化的方法。

行為減少策略

　　行為減少策略是當個體展現特定的不當行為時,施以個體不喜歡的後果,或撤除增強物。只有在確定學生有能力表現出適當行為時,行為減少策略才是恰當的;也就是,在學生沒有能力表現適當行為反應時,便施以其不願見的後果或撤除增強物,是不恰當的。家長與教育人員應考量何時使用,或是否要對亞斯伯格症兒童與青少年使用行為減少策略。雖然這些措施對某些亞斯伯格症兒童有效,但它們常讓學生感覺這是一種由上而下的管理方式,並導致額外的負向行為與權力掙扎。對亞斯伯格症兒童與青少年合適的行為減少策略,包括區別性增強、反應代價與隔離(見表 4-5)。

　　如果實施行為減少策略,通常正向的替代選擇應先施行,另外,應該遵循以下準則:

- 透過清楚地標示目標、期望與後果的合作式社會性契約,來實施行為減少策略。
- 以堅定的、可預測的與直接的方式實施後果處理。

表4-5　行為減少方法

方法	描述
區別性增強其他行為（DRO）	這個方法是當在某段時間中沒有發生目標行為加以注意與酬賞，也就是當目標行為沒有發生時予以增強。
區別性增強替代行為（DRA）	這個方法注意與酬賞更適切的替代行為或不同的行為形式，這個區別性增強可能對亞斯伯格症學生採用形塑和重新引導。
區別性增強不相容行為（DRI）	這個方法應注意與酬賞和不當行為，無法同時出現，當一個學生在排隊時，不用手去觸碰他人會有困難時，可在他把手放在口袋時增強他，這是一種常見的 DRI 方案，因為把手放在口袋和觸碰他人是不相容的行為。
區別性增強低頻行為（DRL）	這個區別性增強指的是，在行為等於或少於預定的上限時給予增強，所以 DRL 方案系統化降低目標行為可被接受的比率，這些方案對有興趣監督自我行為的學生特別有效。
反應代價	當不適當行為發生時，這個方法藉由剝奪增強物以減少不適當行為。因此，一旦不當行為發生，喜好的活動、特權、自由時間，甚至代幣都可能被剝奪。與增強方案一起使用，並仔細挑選目標行為以塑造適當行為時，反應代價方案更為有效。例如，有一個計畫合併運用代幣系統與同儕社會性互動方案，來協助學生記住不要摸班上同學的臉；當她和同學講話，能夠與同儕保持適當的距離，又沒有摸他們的臉時增強她；而一旦她摸了他們的臉時，便從她的「增強箱」中拿走一個籌碼。
暫時隔離	這個方法是當個體表現出令人無法接受的行為時，將其由一個喜歡的情境當中帶離。隔離最有效時是當：(a)用在少數特定令人無法接受的行為（相對於用在各式各樣

暫時隔離	的行為）；(b)用在短暫的時間（對於從進行的教室活動中抽離，一般來說兩分鐘就夠了）；(c)謹慎且有實際依據地評估其有效性。例如，當一個亞斯伯格症少年在教室吐口水時，就要求他將使用的材料放在桌下的地板上，並且將頭趴在桌上，不許說話或發出聲音兩分鐘。

- 盡可能試著透過自我管理和其他認知為基礎的方法實施行為減少方案。例如，訓練兒童一旦表現不當行為，便要安靜地將頭趴在桌上兩分鐘。
- 盡可能避免製造權力掙扎與對抗機會的溝通與互動。
- 對於與行為減少策略相關的對抗保持敏銳，這些策略可能升高為危機形勢。

一般來說，行為減少策略應該使用於以下的情況：(a)當正增強策略不成功，或當行為的本質或嚴重程度需要立即的回應；(b)如果不相容的適當行為不頻繁（或不足以被塑造），無法當做增強的焦點；(c)如果不當行為太密集以致於造成個體的危害；(d)需同時系統化地、立即地和一致地實施適當行為的正增強計畫，此一計畫要經過良好訓練的專業人員、行政人員或家長的同意，並取得書面的同意書。這個計畫應包含清楚的、具體的描述，包括要做什麼、誰來執行此計畫、要做多久，以及如何評估方案的成效。

亞斯伯格症學生的權力對抗與攻擊行為

常見管理且與亞斯伯格症兒童與青少年互動的成人，陷在與學生的權力對抗、瑣碎的爭吵和其他沒有意義的對抗中。不幸的是，這些情況中至少有一部分會升高成危機。例如，一個老師曾描述她試圖說服一位亞斯伯格症少年定期洗澡和個人衛生的必要性所遭遇的挫折；她想要說服他保持個人衛生的好處，於是說如果不能遵守為人所能接受的衛生習慣，那麼他就找不到好工作；這少年的回答是他想要的工作是當一個在家工作的電腦工程師，他辯稱因為他並不會和其他人一起工作，也就沒有理由要洗澡。這位老師接著又說，如果他能經常性地洗澡和使用體臭消除劑，就會增進找到春季舞會舞伴的能力；而這位少年的回答則是他對參加學校舞會沒有興趣，寧願待在家裡從事電腦工作。這位老師表示，這樣的故事情節是她和這位學生典型的互動模式，他對於與老師權力對抗和無意義的爭吵相當在行，而且有時這些爭吵會升高成嚴重的對抗和危機。以下是一些避免這些常見問題發生的建議。

- 用直接的詞彙描述你要學生展現的行為，或者你覺得憂慮的行為，或者兩者都描述，這個建議原本的想法就是讓孩子緊焦在我們關心的行為，而不是行為導致的社會性結果。
- 避免建議性和不直接的語言，這樣的語言不但對許多亞斯

伯格症患者是相當不易理解的，而且創造許多權力對抗和衝突的機會。例如，當學生跟老師說：「我覺得你很白癡。」老師不應該認為他講這句話有特別的含義而回答：「你為什麼要對我生氣？」學生一開始不見得是對老師生氣，但這樣的回答可能導引他往這個方向，因而掩蓋了這句話背後真正的意思。

• 對許多亞斯伯格症兒童與青少年看起來缺乏情緒這樣的情形保持敏感，這些兒童與青少年中有很多人無法理解並表達他們的情緒。所以在面對壓力和衝突時，他們可能會看起來沒有情緒或者十分冷靜；在這樣的情況下，老師和家長無法體會孩子正處於巨大的壓力和情緒當中，他或她並不能夠溝通或明白表達自己。造成的結果是，互動可能演變成大問題，甚至危機。

• 運用一致的、堅定的和良好控制的介入方式，和亞斯伯格症兒童與青少年互動的成人，必須能夠使用堅定的及可預測的指令和後果，急躁的、懲罰性的和無法預測的指令和後果往往挑起權力對抗，並增加問題。再者，負向的和對抗式的反應將導致危機發生。

被診斷為亞斯伯格症的兒童與青少年並非與生俱有攻擊性；不過，這些學生的攻擊問題卻比較常見，和亞斯伯格症連結的社會性缺陷和過度行為，像是參與適切年齡的雙向互動遊戲和其他社會性互動的困難，常常引發問題和挫折，然後快速演變成攻擊

和暴力性的回應或反擊。例如，一個亞斯伯格症兒童因為無法理解大家都知道並接受的規則，而產生和同儕互動的困難，看起來就像粗魯或者不願意遵守一般人都能了解的遊戲規則。問題也有可能發生在當這些兒童與青少年不能體會並回應同儕細微的社會性暗示時；例如，當一般同儕試著和亞斯伯格症兒童溝通她在遊戲或會話中站得太靠近。

相關的困難像是注意和回應明顯的社會性暗示，並將這些暗示關聯到先前的社會性經驗、自我監控行為和社會性回應、僵化地使用高度變化的社會性規則，以及無法展現同情心、社會與情緒的僵化，以及社會性的怪異，都進一步惡化亞斯伯格症學生的行為及社會性問題，並增加他們陷入衝突與攻擊情境的機會。此外，普遍存在於亞斯伯格症患者的情緒與社會性脆弱和壓力，使得他們易於爆發攻擊性，同時成為欺凌與剝削的對象。

由於亞斯伯格症學生獨特的特質，對他們有效療育策略，可能不同於其他的身心障礙學生。僅僅使用或主要使用懲罰性措施的策略，往往對亞斯伯格症學生無效；這些策略幾乎總是無法關照到這些個體問題背後的成因，包括壓力、拙劣的問題解決能力、不佳的組織技巧，和難以預測社會性反應所產生的結果。因此，亞斯伯格症學生常常表現出攻擊行為，因為他們無法理解與適應一個他們認為是有威脅性的、不一致與無法預測的世界。

如同這本書的建議，亞斯伯格症學生需要為符合他們的個別需求而特別設計管理方案，這樣的方案應包含：(a)結構性環境的

支持，(b)參與認知本位的管理方案，(c)有豐富的知識與經驗處理權力抗爭與暴亂的教師與工作人員的支持。

結構化的環境。一個能夠減緩攻擊行為的個別化管理方案的必要成分，就是結構化的環境。如同已經做過的無數次建議，當亞斯伯格症兒童與青少年被提供清楚的、一致的適當行為的準則和支持時，他們是能比較少有攻擊情況和問題行為的，並且具有較多的正向社會性互動和學校經驗。當結合適當行為的清楚示範、給予練習適當行為的機會，並對其適當與不適當的行為表現予以回饋時，這些準則和支持將發揮最大的效果。方案若結合規則持續性的監控，以及行為期望一致性的維持，這些學生就容易有所回應。因此，作息慣例與時間表能夠提供這些學生秩序、一致性和結構。另外，物理空間的、環境的、認知的和態度上的支持，是協助這些學生避免並處理攻擊行為的必要條件。就此事而言，在成人與同儕都了解他們的障礙，並有足夠資源可以有效管理並監督他們時，亞斯伯格症學生會有最好的表現。

例如，行為有點特異的亞斯伯格症學生，常常因為他們的穿著與說話方式被嘲笑，而且通常在學校的走廊被欺負，為了應付這些情況，他們有時會尖叫和試著打騷擾她的人，而這些事件常導致她被處罰。為了解決這樣的問題，她和她的老師製作一張卡片讓她帶著，提醒她有哪些適當行為的選擇可以應付嘲弄，這個簡單的環境支持以及其他支持的合併使用，包括教導她的同儕有關亞斯伯格症和騷擾他人的後果，證實了是個有效的介入方式。

認知本位的管理方案。亞斯伯格症學生有機會參與認知本位的管理方案，對處理有時發生在他們身上的攻擊行為也是很重要的，這些方法通常能增進學生自我評鑑和自我管理的能力，所以能夠避免那些依賴由上而下的亞斯伯格症學生管理方案所產生的不良結果。有些亞斯伯格症學生也許對由上而下的管理策略有正面的回應，但強烈的證據顯示，很多學生拒絕這樣的方式或者根本無效。因此，如同前述，建議為這些學生所設計來應付攻擊行為的管理方案應是認知本位的。認知行為改變方案、行為契約、社會性故事、社會性劇本、卡通分析、社會性剖析和類似的方法都是非常適切的。

具背景知識和技能的教師與行政人員。當具有處理權力抗爭與暴力背景知識和經驗的教師與工作人員支持亞斯伯格症學生時，他們表現得最好。亞斯伯格症學生最有名的就是專精於製造和成人之間的權力抗爭。另外，一旦陷入權力抗爭與對抗，亞斯伯格症學生傾向展現攻擊行為；因此，學校專業人員設計與實施一套方案以減少權力抗爭的機會是必要的，以下是特別建議的方式：(a)以具體的詞彙描述你要學生展現的或你所不願看到的行為；(b)避免帶有情緒的問題（例如：你為什麼對我生氣？），而相反的是要求學生描述事件，好讓你可以找出前事或導火線；(c)體認亞斯伯格症兒童與青少年可能看起來不了解或無法表達情緒，當這些學生處於壓力之下或面對衝突時，他們也許表現出沒有情緒或冷靜的樣子，在這樣的情況下，成人無法體會他們事實上正處

於巨大的壓力和情緒當中，以致於不能溝通。

為了有效處理傾向以攻擊行為反應的學生，教育及其他人員也必須一致性地運用堅定的和可預測的後果，避免使用懲罰性的、急躁的和不可預測的後果處理，這些常會引發權力抗爭，並增加攻擊的機會。

結　語

亞斯伯格症兒童與青少年為人所熟知的就是他們行為的極端與缺陷。為這些學生計畫與發展方案的基本層面，包含有效管理工具的發展、實施與評鑑。管理亞斯伯格症兒童與青少年的工具要清楚地界定和解釋教室規範、教師的期望和環境限制與結構。另外，以上這些支持也協助亞斯伯格症者明白，如果有需要，他們可以要求調整或重新組織環境。我們強烈建議運用自我監督、認知本位管理、集體發展的社會性契約，並結合結構化環境與相關的支持。

第五章

● ● ● ● ● ● ● ● ● ● ● ● ● ● ● ● ● ●

計畫成功的社會性

◆ 社會性技巧發展的一般原則

◆ 潛在課程

◆ 社會性介入

◆ 結　語

　　專業人員與家長一樣，認為社會性互動機會與社會性技巧發展，對亞斯伯格症兒童與青少年是不可或缺的。事實上，許多人相信，這正是亞斯伯格症者與他人最具區辨性的特質（Church, Alisanski, & Amanullah, 2000; Joliffe & Baron-Cohen, 1999; McLaughlin-Cheng, 1998; Myles & Southwick, 1999）。研究者與實務工作者已討論缺乏適當社會性技巧的負面影響，從無法發展並保持友誼，到被同儕嘲弄，乃至於因為缺乏對工作文化及上下屬關係的理解而無法保住工作（Baron-Cohen, O'Riordan, Stone, Jones, & Plaisted, 1999; Joliffe & Baron-Cohen, 1999; MacLeod, 1999; Mawhood & Howlin, 1999）。

　　社會性技巧是由人類行為所構成的複雜領域，雖然多少是由規則支配，但規則因地點、情境、人種、年齡和文化千變萬化，使得獲得這些技巧與其後的類化產生困難。打招呼是社會技巧當中讓人以為簡單的一個例子，但是進一步的分析顯示，這個大多數人覺得理所當然的技巧極度複雜，一個兒童在教室裡和朋友打招呼的方式，便不同於他或她在購物中心和朋友打招呼的方式，而這個兒童用於第一次見到朋友的打招呼，又和他們三十分鐘後見面有所不同；此外，用於打招呼的用語及動作視其與老師或同儕而不同。打招呼是如此地複雜，就像大部分的社會性技巧一樣。

資料來源：本章節部分內容源自「了解隱藏的課程：一個對亞斯伯格症兒
　　　　　童與青少年必要的社會性技巧」（Understanding the Hidden Cur-
　　　　　riculum: An Essential Social Skill for Children and Youth with As-

perger Syndrome）， by B.S. Myles and R. L. Simpon, 2001, *Inter-vention in School and Clinic, 36(5), pp.279-286*. Copyright 2001 by PRO-ED, Inc.

社會性技巧發展的一般原則

　　如同之前所觀察到的，社會性互動的問題在亞斯伯格症者身上常常是極端的；因此，增加亞斯伯格症兒童社會性互動的量與質是極度需要關注的。以下幾個原則可以作為發展社會性技巧課程的基礎要素。

▶原則一

　　雖然亞斯伯格症者的社會性互動問題常被描述為輕微的偏離社會性常態，但這樣的觀點不應該降低這些問題的重要性。亞斯伯格症者為人所知的不是其極度偏差的行為，如自我傷害、高度違背常理的自我刺激行為，或者詭異的反應，而是他們傾向表現出與人不同或輕微的怪異行為。這些已被證實的特質型態問題常被認為比較不重要，或可以輕易被糾正。常見家長與專業人員期待亞斯伯格症學生能輕易地自我修正他們自己的行為，而且相信這些所謂輕微困難的社會性後果沒有那麼重要。許多的證據顯示，這些行為對亞斯伯格症者有嚴重的社會性後果。雖然事實上，亞斯伯格症者的行為似乎較部分自閉症兒童的極端行為緩和，卻也沒有道理應該看輕這些困難所造成的影響。

▶原則二

　　社會性互動技巧必須清楚明白地教導給亞斯伯格症學生，也要教學生的同儕社會性互動的支持行為。當我們和亞斯伯格症學生溝通他的行為是不能為人接受的，而沒有清楚明白地提供他更適當的替代行為，或者沒有辦法教導他表現出適當的行為，很明顯地這是無效的。只有當與亞斯伯格症兒童與青少年互動的成人或同儕提供適當而直接的教導，包括技巧類化與維持的策略時，他們才能獲得適切的社會性技巧。此外，有機會與亞斯伯格症者互動的同儕與成人必須被教導如何支持和維持這些適當的行為，包括適合其年齡的行為示範、提供關於可接受與不可接受行為的回饋，以及使用立即的社會性增強。最後，令人心痛但明顯的是，如果沒有教育和訓練亞斯伯格症學生的同儕，很多同儕會忽視、欺負並歧視有特殊需求的同學；當同儕提供亞斯伯格症學生適切的教導、示範及相關的支持，使得他們能夠展現長足的進步時，就清楚地告訴我們，一個有效的社會性互動方案必須包括對其同儕的訓練和支持的確實評量。

▶原則三

　　須協助家長、專業人員與同儕，來發展和維持對亞斯伯格症者合理的社會性技巧的期待。亞斯伯格症是一個嚴重的、終身性的社會性障礙，因此，即使在最佳的狀態下，沒有理由期待這些兒童能完全克服他們的障礙，或者社會性技巧在某種程度上能成為一個相對優勢。接受這種情況不應該降低對這些學生高度的期

待，或者預期的成果。然而，它的確提醒了參與亞斯伯格症兒童與青年生活的教育者及家長，教育與訓練是用來支持這個障礙的工具，而不是可以用來「治癒」他們的社會性困難的策略；就好像期待一個患有嚴重脊柱裂的兒童能變成奧林匹克短跑選手是不切實際的，而期待一個亞斯伯格症兒童能夠達成需要良好社會性技巧的目標，也一樣是不切實際的。話雖如此，還是能教導達到社會性成果的社會性技巧。

▶原則四

在沒有攻擊行為，也沒有重大不當行為的情況下，高品質的雙向社會性互動最容易發生。同儕是亞斯伯格症學生參與有品質的社會性互動，以及發展所需社會性技巧的基石；的確，沒有同儕的參與，亞斯伯格症學生的社會性技巧發展便受到嚴重的限制。許多亞斯伯格症個體的同儕對社會性支持方案有興趣，且願意參與其中，然而，即使在最正向的環境中，同儕通常還是不能忍受攻擊與明顯的怪異行為；例如，長期吐口水、打人或踢人的學生，在公眾場合表現與性相關行為的學生，以及其他種種行為都對社會性互動產生嚴重的障礙。因此，負責社會性互動支持與訓練方案的成人必須站在限制這些干擾行為的位置；理想上，這些行為應該在方案開始之前被去除，或者大大地減少。

▶原則五

技巧訓練的目標必須謹慎地選擇以極大化其潛在的社會性影響。因為亞斯伯格症者在各種社會性領域中常有極端行為與缺陷，

因此，教育和養育亞斯伯格症兒童的人要從眾多的社會性目標加以抉擇。但是，幫助一個亞斯伯格症兒童適當地運用社會性技巧在各式各樣的情境中，是一件不容易的事，要達到這樣的社會性支持，通常是耗時耗力的。因此，不可避免地，社會性技巧必須要有清楚而實際的社會效度；教導亞斯伯格症學生的社會性技巧，應該要有社會性利益的潛能，這對許多領域都是基礎且關鍵的技巧，且特別有價值。所以，容易教的和易於證明方案成效，不一定最適合訓練使用。

潛在課程

　　一個長久以來被忽視的重要社會性技巧領域就是「潛在課程」，雖然沒有明白地說出日常生活中可以做與不可以做的行為是什麼，但我們每個人就是知道（Bieber, 1994）——除了亞斯伯格症兒童與青少年以外。潛在課程包括技巧、動作、穿著的方式等大部分人都知道而且覺得習以為常的行為。每個社會和每所學校都有潛在課程。對亞斯伯格症者來說，這個沒被說出的課程常導致挑戰——事實上，這就是令人難過的原因。

　　在學校的走廊中，潛在課程就在進行了。上課前，馬克晃到一個三年級的亞斯伯格症學生山姆身邊說：「最近怎樣啊，狗狗？」山姆十分生氣並大喊：「我不是

狗！」馬克只不過用了最勁爆、最流行的問候語，聳了
聳肩並對和他走在一起的朋友做了評論：「天啊！他真
怪，一定要離他遠一點。」另一方面，山姆一直心神不
寧，直到他有機會在十點半遇到他的資源班教師米勒老
師。在十五分鐘的討論當中，他的老師解釋情況給他
聽，並且幫助他了解馬克只是跟他打了個友善的招呼。
當山姆問米勒老師她和其他同學是怎麼學會這個招呼語
的，米勒老師聳聳肩，無法給個答案。

　　另外一個例子是，每個人都知道羅賓斯老師准許學生在課堂
中小聲講話，只要他們完成該做的事，而庫克老師卻無法容忍她
的課堂中有任何噪音。相似的情況，每個人都知道助理校長強森
先生是個對遵守規範十分拘泥的人，所以沒人敢在他面前說粗話，
甚至走路無精打采。每個人也都知道，真正強悍的傢伙（一個喜
歡打扁單純孩子的人）就在溜滑梯後方晃蕩，讓老師剛好看不到。
每一個人都知道這些事，除了亞斯伯格症學生外。

　　在學校之外，潛在課程甚至是一個更大的議題。對和陌生人
講話或搭陌生人的車的潛在課程是什麼？公車司機是一個陌生人，
但搭她的車是被允許的，搭一個停在路邊陌生人的車子卻不行；
雜貨店的收銀員是一個陌生人，但和他聊聊天是可以的，然而洩
漏個人資料給一個生產部門的人卻不行；接受玩具反斗城裡發糖
果的人的免費樣本是可以的，但從站在街角的陌生人手中收下糖

果就太不謹慎了。

亞斯伯格症者必須知道永遠不要和警察爭辯，他們也必須明白：(a)教師的期待，(b)取悅教師的行為，(c)哪些同學可以互動而哪些必須離遠一點，(d)引起他人正向與負向觀感的行為。了解潛在課程可以讓亞斯伯格症學生的情況有所不同，可以幫助他們免於被留校查看或者更糟的情況，也可以幫助他們交朋友。

潛在課程涵蓋眾多領域，就其中某些領域而言，大量的時間投資是必要的，它可以保證學生理解；有些「規則」幾分鐘就可以學會。如同前述，潛在課程隨地點、情境、人種、年齡與文化而變。因此，為所有亞斯伯格症學生發展出一份完整的清單，用於所有的情境，是不可能的。表 5-1 提供一些潛在課程項目的例子，可以作為協助這個障礙的患者了解這個十分複雜主題的起點。

表 5-1　潛在課程項目範例

- 不要對著校長說：如果她好好聽人說話，會有更多兒童喜歡她。
- 你不應該付錢給學生要他們當你的朋友。
- 當老師正在教室裡上課時，不要和其他同學說話。
- 當老師正在責備另一個學生時，問老師問題是很不恰當的。
- 當你和不太熟的同學在一起，而且你是注意力的焦點時，不要放屁、挖鼻孔，或抓你身體的私處。
- 在火警演習時，跟隨你的同學到最近的出口。這時，不是

上廁所或者要求上廁所的時間。

- 不要跟你的同學講關於「你父母衣櫥裡的骸骨」的事情。

- 不要在學校畫暴力的圖畫。

- 在與人對談時,面對講者並且將你的身體轉向那個方向。

- 用愉快的語調和你的老師說話,因為他們將用更正面的方式回應你。

- 當你的老師警告你不可以做某個行為而你繼續做,你可能會惹上麻煩;若你在第一次警告後馬上停止該行為,你也許就不會惹上麻煩。

- 如果你的一個同學要你去做一件你認為可能會惹麻煩的事,你永遠應該停止,並在行動前想一想,朋友不會要求他的朋友去做會惹上麻煩的事。

- 不可能所有的老師都對他們的班級訂同樣的規則,有些老師會要求除非你舉手,否則不可以說話;有些老師則在不干擾或惹惱他人的情況下允許說話。知道不同的老師在班上訂下的規矩是很重要的。

註:改編自《了解潛在課程:一個對亞斯伯格症兒童與青少年必要的社會性技巧》(Understanding the Hidden Curriculum: An Essential Social Skill for Children and Youth with Asperger Syndrome),by B. S. Myles and R. L. Simpson, 2001, *Intervention in School and Clinic*, 36(5), p. 282. Copyright 2001 by PRO-ED, Inc.

社會性介入

發展適當的社會性技巧,以及提升亞斯伯格症兒童與青少年和他人之間具建設性的社會性互動,不是一件簡單的工作;然而,某些方式已經證實有效。社會性技巧訓練包含潛在課程的教導,教導者應有系統地教亞斯伯格症兒童與青少年,最佳的教導方式便是透過教學與闡釋的過程。

▓ 教學

教學包含獲得技巧時提供直接的協助。教學要素包括:(a)領域與步驟,(b)直接教學,(c)社會性故事,(d)社會性劇本,(e)扮演課程,(f)自尊的建立,(g)充電卡,(h)正向社會性同儕互動策略,(i)成人中介策略,(j)同儕中介策略。

領域與步驟

因為亞斯伯格症兒童與青少年社會性技巧發展不均衡,了解這些技巧發展的順序是很重要的,不了解領域與步驟,可能就無法得知兒童遺漏某個重要的先備技巧,而使得兒童用死記的方法學習更上層的技巧,因而使得學到的技巧無法成為有用的資產。舉例來說,如果一個學生不了解聲調可以用來溝通訊息,那麼教他用尊重的語氣這種更高層次的技巧對老師說話,便幾乎沒有意

義;也就是說,如果學生機械式地學習使用聲調,便不太可能類化到其他的情境中。

有一些領域與步驟可概括出支持自我覺察、自我冷靜與自我管理的技巧。例如,郝林、貝瑞寇衡和海德溫(Howlin, Baron-Cohen, & Hadwin, 1999)以及構思坦和麥克吉尼斯(Goldstein & McGinnis, 1997)等人提供了發展及教學策略的步驟,以促進社會與情緒的發展。

直接教學

就增加與同儕互動和發展社會技能的質與量來說,直接教學指的是直接引導兒童適當的行為反應,因此,直接教學的第一步就是確認適當的社會性互動或社會性技巧的目標(例如:和同儕進行合作的、適齡的棋盤遊戲)。第二,確認該兒童用來達成目標的步驟(例如:接近一位同儕並邀請他一起玩、從指定的儲藏櫃拿起遊戲器材、請同儕選一個棋子的顏色等)。第三,運用最有效的方法依序教導兒童這些技巧,這些方法包括示範(例如:演示與棋盤遊戲相關適當的社會性行為)、提供多重機會給兒童練習適當行為(例如:在和同儕玩棋盤遊戲之前,先讓學生練習和老師與其他人玩)、提供教學提示(例如:提示兒童在棋盤上擲骰子,並移動他的棋子到正確的格子數)、增強適當行為(例如:讚美兒童和同儕能合作玩遊戲)、以及提供多重機會給兒童表現適當行為(例如:提供兒童機會,在一天當中不同的時間和

不同的同儕玩棋盤遊戲）。以下是一個參與團體活動的直接教學案例。

▶休閒技巧的直接教學

為了發展一個社會性活動讓艾立克斯可以在下課時間參與，葛登伯格先生選擇了艾立克斯和班上同學都很喜歡而且常常玩的活動「四方形」（foursquare）。葛登伯格先生分析了艾立克斯參與這個活動所需的技巧：(a)找出一個或更多個玩伴，(b)要求他們一起玩四個正方形，(c)遵守遊戲規則（像是公平遊戲、輪流）；以及(d)當老師指示或下課時間結束時，把遊戲材料收起。葛登伯格先生接著將這些技巧教給艾立克斯，先是示範，然後要求艾立克斯演示步驟給他看。接著，他給艾立克斯機會和不同的同學和老師練習新技巧，在這段時間，葛登伯格先生則在艾立克斯有需要時提供提示與增強，如此一來，便能保證他在不同的下課時間有多重機會使用這些技巧。

直接教學的一個主要優點是，它是依據經實證有社會效度的方法，而其主要的缺點是，社會性互動技巧的直接教學並非總是能類化到其他環境或情況；也就是說，一個與少數同儕在班上玩棋盤遊戲的兒童，可能沒有興趣玩相似的遊戲，或參與不同的同儕活動，或和新兒童玩或在教室外表現出適切的行為。因此，基

於直接教學的社會性技巧訓練，必須就這些潛在的問題加以調整。

　　大部分社會性技巧課程涵蓋的主題都可以使用直接教學模式；例如，得克、諾維克和馬丁（Duke, Nowicki, & Martin, 1996）提供一個全校性的課程，在以下的領域教導非口說的語言：(a)副語言（譯註：指口語以外的手勢與聲調等），(b)面部表情，(c)空間與接觸，(d)手勢與姿勢，(e)節奏與時間，(f)個人衛生。秀爾（Shure, 1992）由問題解決的觀點切入社會性技巧，提供直接教學於：(a)前問題解決技巧，(b)替代方案，(c)後果，(d)解決方法－後果的組合，(e)手段－目的的思考。

社會性故事

　　由於亞斯伯格症兒童與青少年在認知及語言技巧上的相對強勢，他們常能受益於自我教學及自我控制問題解決程序，也就是他們常可受益於回應不同情境的引導策略，其中一種最有效的方法就是社會性故事（Gray & Garand, 1993; Hagiwara & Myles, 1999; Norris & Dattilo, 1999; Rogers & Myles, 2001; Swaggart et al., 1995）。社會性故事針對特定的個體與情況描述社會性情境；例如，一個社會性故事可以為一個上普通班英語課程的少年設計，故事包含對該名少年的描述、安置環境，和安置環境相關的同儕與成人，以及和環境相關之少年的感受與知覺（例如：青少年喜歡閱讀和書寫班級刊物），也有描述在該環境適當行為的指示描述（例如：進到教室後，少年應該坐在他的位子上，並拿出他的

課本，直到鐘響以前，他可以小聲地和坐在附近的人說話）。因此，這個方法便是藉由提供個別化的、特定的回應提示，以安排個案的行為與社會性回應。雖然社會性故事的臨床效果尚未被完全建立，但初始資料顯示，它很有可能對提供結構給許多亞斯伯格症兒童與青少年是一種有益的方式。以下是兩則社會性故事的例子，第一則是設計來協助一位兒童處理午餐時間經歷的問題；第二則是寫給一位因為個人衛生不好而讓家長及同學擔心的少女。

▶午餐行為

我每天都很期待午餐，午餐是一個我能和吉尼斯老師班上其他同學一起用餐和相處的時間。中午十二點時，吉尼斯老師宣布時間到了準備用餐，當她告訴我時，我從櫃子裡拿出我的午餐並走到餐廳。有時候餐廳很吵。在午餐時間，我可以坐在任何我想坐的位子上，我喜歡和我的朋友坐在一起。當我吃完我的午餐，我將垃圾丟掉。當鐘聲響起，我回到我的櫃子並準備上下一堂課。

▶汗的科學：為什麼我每天必須洗澡和使用除臭劑

身為一個年輕人，我知道我的身體如何變化，以及這樣的變化如何影響到我和其他人，這種知識對我是重要的——我經常想到它，思考和計畫幫助我處理與他人的關係。

我身體改變的其中一種方式就是在流汗的部位，所有在我這個年齡的孩子都流汗，包括和我上同一所學校的男孩與女孩。

當男孩和女孩到了青春期，他們比小時候流更多的汗，有時候他們流很多汗，有時候只流一點汗，大部分的人甚至在不覺得熱時也流汗。

流汗的另一個名字叫汗蒸發，當汗水從我們的毛細孔流出時，它是乾淨的，這樣的汗水並不臭，但經過幾秒鐘後，細菌出現並開始在我們的汗中滋長。

這些細菌十分難聞，最好能每天將這些細菌洗掉，如果我們沒有每天洗掉這些細菌，每天將有更多細菌跑出來。大部分的人不喜歡別人身上汗水夾雜著細菌的味道，大部分的人覺得它聞起來很糟糕。

每天洗澡並清洗我們胳肢窩和性器官是很重要的，如果我們不能淋浴或盆浴，我們可以用濕毛巾和肥皂清洗胳肢窩和性器官。我們可以在胳肢窩擦體臭劑，如果我們是乾淨的而且有擦體臭劑，其他人通常無法聞到我們肌膚上的細菌。

如果我們在胳肢窩擦了體臭劑卻沒有將細菌洗掉，我們就會把好幾天的細菌黏在自己身上，那樣聞起來真的很臭。

穿乾淨的衣服也是很重要的，從身體流出的汗會進入衣

物當中，特別是上衣的胳肢窩部位和內衣的下體部位。
有時候我們已經穿了幾個小時或更多時間的衣物看起來
乾淨，但它們通常聞起來很像汗中細菌的味道，大部分
的人不喜歡汗中細菌的味道，事實上，大部分的人覺得
它聞起來很噁心。

在淋浴或盆浴後換上乾淨的衣服，特別是乾淨的上衣和
內衣是一個好主意，這樣的話，細菌就不會回到我們的
身體上，其他人也就不會聞到昨天汗水留在衣服上的味
道。

大部分的人想要聞起來乾淨又清爽，我們也常常希望別
人覺得我們聞起來乾淨又清爽，如果我們每天仔細淋浴
或盆浴或清洗，並穿上乾淨的內衣，我們就會因為聞起
來乾淨又清爽而覺得更有自信。

表 5-2 提供寫給亞斯伯格症兒童與青少年社會性故事架構的綱
要。

社會性劇本

亞斯伯格症兒童與青少年也受益於成人透過劇本的運用來組
織他們的行為。例如，一位兒童和他的老師練習劇本，以便能在
下課時間參與團體遊戲。因為能自發地使用語言，並能處理與同
儕相處的複雜性，這個方法可將這些兒童的問題降到最低程度。

表5-2　撰寫社會性故事的原則

1. 界定社會性故事介入之目標行為或問題情境。

　　社會性故事的作者應該選擇一個需要改變的社會性行為，最好是一個改進之後可以增加正向社會性互動、更安全的環境、額外社會性學習機會，或者三者兼具。行為必須切割成小小的成分，並根據學生的能力水準；例如，午餐時間鮑伯從同學的盤子中抓取食物並吃掉它，他在學校、家裡和餐廳都表現這個行為，不了解鮑伯的人常常用敵視的方法回應。因此，從別人盤子抓取食物便成為修正的目標，因為它是個不被社會接受的行為，而且干擾較正向的社會接觸行為的發展。

2. 定義目標行為以蒐集資料。

　　有數個理由需要將蒐集的行為資料定義清楚。資料蒐集十分重要，原因多種如下：首先，所有的資料蒐集者必須對目標行為有完全一致的了解，方能保證行為改變評量的信度；此外，要表現出來的行為必須以學生可以理解的方式定義。例如，鮑伯目前的用餐行為包含吃及抓取，吃被定義為坐著吃他面前盤子中的食物；而抓取則被定義為從他人而非自己的盤子中拿走食物。

3. 蒐集目標行為之基準線資料。

　　蒐集一段時間的資料讓教育者可以確定行為的趨勢，基準線資料蒐集可以持續三到五天或更長，為了測量鮑伯抓取食物的行為，觀察者可以每當鮑伯在午餐時間從同儕的盤中抓取食物時，在紀錄表上做一個記號，然後觀察者在另一張紙上記錄下所有記號的數目，標明當天的日期。

4. 用描述句、引導句及觀點句寫一則短篇社會性故事。

　　一個撰寫社會性故事絕佳的規則，就是用描述性與觀點性的句子寫下故事中的引導句（Gray, 1994），故事的撰寫必須符合學生的理解技能，用針對每個學生個別化的字彙和字的大小。必須用第一人稱及用現在式或未

來式撰寫故事（分別形容一個已經發生的狀況，或者期待一個即將到來的事件），學生自己也許參與其中的活動。

5. 根據學生的功能水準，選擇每一頁的句子數。

社會性故事的呈現依照學生的功能水準而定，對部分學生來說，每頁一到三個句子就足夠，每一個句子都讓學生可以聚焦並進行某一特定概念，根據學生的技能水準，每頁超過一個句子可能造成資訊的過量負荷，以致於學生無法了解資訊。

6. 運用照片、手繪圖案或圖形符號。

圖片可以提升學生對適當行為的了解，尤其是缺乏閱讀技巧的學生。例如，插圖已經被證實是對兒童及青少年有效的學習工具。然而，葛瑞（Gray, 1994）提醒圖畫可能會太狹隘地定義一個情境，造成有限的類化；因此，是否在社會性故事中使用圖片的決定應基於個別化的需求。一張在鮑伯社會性故事中的圖片可能能讓他吃得更適當。

7. 讀社會性故事給學生聽，並示範適當行為。

閱讀社會性故事應與學生每日作息表搭配實施，並在需要時示範相關的行為。例如，故事應該在目標活動發生之前閱讀。因此，鮑伯的故事應在午餐前或一天開始的時候讀給他聽，幫助他期待與該情境適切的行為。根據學生功能水準決定老師還是學生來閱讀故事，能夠獨立閱讀的學生可以讀社會性故事給同儕聽，這樣一來，所有的人對目標情境和適當行為都有類似的觀點。

8. 蒐集介入資料。

教育者應該運用蒐集與分析基準線資料的步驟，在整個社會性故事課程的過程中蒐集資料。

9. 檢視結果及社會故事相關步驟。

　　如果學生在大約兩星期的社會性故事課程過後沒有反應出想要的適當行為，負責這個介入計畫的人就應該檢視社會性故事及其施行的步驟。如果要改變社會故事方案，建議一次只改變一個變項（例如：只改變故事的內容，而不是同時改變閱讀故事的時間和讀故事的人），藉由一次改變一個因素，教育者可以確認該因素是否最能促進學生的學習。例如，改變鮑伯抓取食物社會性故事的閱讀時間，從午餐前移到上午早一點的時間，可能使他可以反思適當的行為而增進方案的成效；另一方面，如果故事的內容也同時改變，老師就不能確定哪一個因素使得鮑伯的行為改變。

10.計畫維持與類化。

　　等到行為改變已經變得穩定，教育者會想要褪除社會性故事的使用，褪除的完成可以藉由拉長閱讀時間，或者要求學生為自己閱讀故事負責，自然而然地社會性故事便能跨情境類化。由此可知，老師應協助學生將社會性故事的內容應用到各種不同的情境；例如，老師可以協助鮑伯在點心時間、宴會上及餐廳使用適當的進食技巧。另外，老師應該要確認學生是否維持適當的行為。最後，具有足夠獨立技巧的學生可以透過協助來界定社會性目標，讓他們可以發展出自己的社會性故事。

註：改編自「使用社會性故事教導自閉症兒童社會性與行為技巧」（Using Social Stories to Teach Social and Behaviorial Skills to Children with Autism），by B. L. Swaggart et al., 1995, *Focus on Autistic Behavior, 10*(1), 1-16. Copyright 1995 by PRO-ED, Inc；以及改編自「認知行為管理方案在自閉症者身上的實施：實務工作者準則」（Implementing Cognitive Behavior Management Programs for Persons with Autism: Guidelines for Practitioners）by C. Quinn, B. L. Swaggart, and B. S. Myles, 1994, *Focus on Autistic Behavior, 9*(4), 1-13. Copyright 1994 by PRO-ED, Inc.

此外，當配合同儕互動訓練（例如：直接教學，並經由成人與同儕進行教導的策略）時，它更提供了一個有結構的例行性互動，提升反應的預測性。

毫無疑問的，編寫社會性互動劇本在發展高品質、自然的社會性互動上有其嚴重的限制。也就是說，編寫互動性的劇本是很困難的，而且當使用這些劇本時，它們常傾向造成有點跛腳的、迂腐的及笨拙的反應。然而，社會性劇本仍可被亞斯伯格症學習者有效地用來安排適當初始的主動行為（例如：讓同學參與時可說的話）。此外，這個策略與同儕訓練結合時效果最佳。也就是說，根據社會性劇本參與互動的同儕，需要關於如何回應亞斯伯格症同學的訊息，以及如何將會話與互動從最初的社會性劇本再往前推進的策略。

扮演課程

根據許多亞斯伯格症成人描述的個人經驗，他們建議扮演課程是一個教導兒童與青少年社會性和情緒課題適當的方法。它可以幫助自我覺察、自我冷靜及自我管理。在扮演課程當中，兒童學習在特定的情境以口語及非口語表達情緒，他們也學習詮釋他人的情緒、感受與聲音。也許更重要的是，扮演課程的參與者融入模擬情境，並且由教學者與同儕獲得關於自己表現的回饋。

自尊的建立

亞斯伯格症兒童或青少年和他人比較，看起來不同、行事風格不同、感受不同（而且，在某些方面，他們的存在就是與人不同），兒童常常知道是這樣，而且失去自尊常常是其副產品；特別是身為成人，為負面自尊付出的代價很高。現有資料顯示，亞斯伯格症成人和一般人比較起來，具有較高程度的憂鬱、自殺及其他情感性障礙，部分原因可能和自我概念的問題有關（Williams, 2001）。

教育者與家長必須共同合作，幫助孩子了解這個障礙不是她的全部。她不是亞斯伯格症，她是一個有這樣障礙的人，但那只是她的一部分，她有許多應該要被找出來而且值得慶賀的特質（Bieber, 1994）。事實上，除了這個障礙以外的其他層面才應該是主要的焦點，才能避免這個障礙得到太多關注，以及避免讓障礙成為兒童身分認同的主要內涵。

兒童在發展正向的自我形象上需要協助，部分是要透過成功的經驗。拉維依（LaVoie）（引自 Bieber, 1994）尖銳地挑戰教師與家長去找出孩子心中的「自信之島」，去強調它並慶祝它，提供多重機會給孩子展現他的「自信之島」，便能建立自尊。

建立自尊的策略包含以下所述：

• 將孩子置於協助者或助教的位子。

• 告訴孩子他做的是對的；將負向語言重新塑造成正向語言。

- 確定孩子做得好的事，並且幫助他做更多這些事。
- 讚美孩子並教他讚美他自己。

充電卡

　　充電卡是一個建立在兒童特殊興趣上的視覺協助物，教導適當的互動、行為期待、語言意義及潛在課程。首先創造一個故事情節，此一情節環繞著兒童需要處理的特殊興趣、行為及情境。以兒童能理解的程度寫下這個故事，可以包含和特殊興趣有關的圖片或照片；然後，和這個特殊興趣有關的個體試著找出解決問題的方法；接著鼓勵兒童試行適當行為，這些行為分解成一系列的小步驟，寫在卡片上。充電卡的大小如同一張書籤或名片大小，就是設計讓兒童隨身攜帶。充電卡中包含簡短系列的步驟和特殊興趣的圖片（Gagnon, 2001）。

　　舉例來說，馬克是一個具高智商的六年級亞斯伯格症學生，他希望進入哈佛就讀，而且常常對任何願意聽他講這件事的人說。他很多句子的開頭是「當我進入哈佛……」，即使馬克是一個很優秀的學生，他在社交上卻十分困頓，而且發現他幾乎和其他同齡的兒童沒有共通處（除了擁有朋友的渴望），他不太確定自己該怎麼做。他與人的互動通常是自誇他的學業能力，以及指涉他人連農夫的聰明都不如。他很難了解幽默，而且笑得很不適當和太大聲。以下的故事情節及圖 5-1 所示的充電卡是給馬克的，提醒他自誇的傾向、太大的音量和不適當的笑聲。

充電卡

為了能在哈佛成功，
記得以下三件事是很重要的：

1.不要自誇。
2.只在別人笑的時候笑。
3.試著融入他人的笑聲。

圖5-1　充電卡樣本（這張卡的大小應該跟名片差不多）

▶使用充電卡教導適當的互動

　　大衛對自己是哈佛的學生感到驕傲，他在國中和高中花了很多時間讀書，所以能達成自己的夢想，他花了太多時間讀書所以沒有時間做其他的事，當他發現自己被哈佛錄取，便花了很多時間向高中班上同學炫耀，而且在談到自己的成就大聲地笑。沒有人想和他說關於哈佛的事，但是大衛只是告訴自己，他們都是忌妒他的成就。

　　大衛進入哈佛後發現，他想要交朋友，但他一直持續他自誇的行為，而且也一直在不恰當的時機笑得很大聲。於是大衛和英文教授安排了一次會面，並解釋他的問題給他聽，教授給他以下的建議：

1. 不要自誇，若他人自己有機會發現你很好，他們會更喜歡你。

2. 你可以當別人笑時才笑，知道何時應該笑，如果你對是否笑感到不確定，最好微笑就好了。

3. 如果團體中的每個人都在笑，試著將你的笑聲融入他人。

　　馬克，你不必等到進了哈佛再練習這三件事，大衛現在知道如果他年輕一點的時候就試著做這三件事，他會更享受國中和高中時光。

同儕正向社會交往策略

　　為了計畫正向社會性同儕交往，專業人員與家長應該：(a)確認並安排適當的社會性互動機會；(b)教導亞斯伯格症學生和同儕知識與技巧，能夠善用社會性互動的機會；(c)亞斯伯格症學生和同儕努力進行社會性互動時，要確實增強他們並給予好處。表5-3是一個同儕社會性互動方案的例子。

成人中介策略

　　在這樣的文意中，「成人中介」指的是社會性技巧與社會性

表 5-3　正向社會性同儕互動方案

1. 確認並安排適當社會互動的機會。

　　樂羅依，一個三年級亞斯伯格症學生，近來在下課時間變得很具破壞性。樂羅依會突然闖進一個原本沒有參與的踢球遊戲或其他團體活動，抓起球然後跑走；用過各種介入方法，包括剝奪下課時間，都不成功。功能性分析這個問題後發現，樂羅依似乎沒有什麼適當吸引同儕注意力的策略。因此，樂羅依的老師開始計畫改善他下課的行為，特別提供教學與支持，讓這位學生以更適切與適齡的方法和同儕進行社會互動。

2. 教導亞斯伯格症學生和其同儕知識與技巧，能夠善用社會性互動的機會。

　　樂羅依和他三年級的老師已經定期討論適當的下課行為，並練習和同儕適當互動和遊戲的方式，樂羅依的老師也給全班同學上了一堂有關身心障礙人士的課，其中包括亞斯伯格症者。

3. 亞斯伯格症學生和同儕努力進行社會性互動時，要確實增強他們並給予好處。

　　在老師開始訓練後，請樂羅依選擇三位同儕在下課時間一起玩遊戲。在開始之前，老師和樂羅依一起複習與練習目標遊戲和社會性技能，這些都是以前已教過他要使用的技能。在和同儕共度一個成功的下課經驗後，樂羅依和他的同學得到社會性讚美及工作完成後額外的自由時間，樂羅依的老師也持續監督她的學生是否表現適當的下課行為。

互動直接由教師、教師助理員、家長或其他成人策劃安排。成人中介策略包含兩個基本程序：第一，亞斯伯格症兒童或青少年在社會性互動支持的情境中，與社會性適配的同儕配對；在這個文

意中，「社會性適配」指的是該名兒童願意並能夠遵循指令、表現適當的社會性行為，以及能示範適當的社會性回應。被指定的同儕（或同儕們）被教導在特定的時間，像是下課時間、自由活動等時間接近亞斯伯格症兒童。也教導這位同儕要準備好，若兒童主動或有興趣於社會性互動時，要和他一起參與遊戲或活動。

第二，為了增進亞斯伯格症兒童與指定同儕的社會性互動，成人（例如：教師、學校專業人員）要接近兒童並提供口語提示。例如，教師提示兒童接近同儕，此位同儕是被訓練來接納該名兒童，與其玩遊戲或分享活動的。如果亞斯伯格症兒童順從這個提示，他或她的行為便得到成人的增強；如果兒童不願遵從這樣的提示，教師重複指令，並在適當的時機以身體協助兒童遵從該提示。以下是一個成人中介策略的案例。

▶自由活動時間的成人中介教學

在自由活動時間，三年級教師羅覺格斯注意到安琪拉並沒有參與遊戲，羅覺格斯老師於是提示安琪拉請另一位同學加入活動，像是玩電腦遊戲。經過這個提示後，安琪拉接近一位同儕，並詢問她是否想玩電腦遊戲「家庭恩仇錄」，她的同儕同意玩電腦遊戲，但表示想玩不同的遊戲。為了回應這樣的要求，羅覺格斯提示安琪拉提供一個選擇名單給她同儕，當學生們互相同意玩某個電腦遊戲並開始進行時，教師便待在旁邊。羅覺格斯老師

稱讚安琪拉的遊戲技巧，並在需要時協助她。

　　幾乎沒有人懷疑成人中介社會性互動方案的成效。成人中介策略可以：(a)在不同的環境中，用來發展各式各樣的社會性技巧；(b)用在一群兒童身上；(c)透過精心安排進行類化。當計畫社會性互動方案時，成人中介策略的缺點也應考量；最明顯的缺點是，成人中介策略可能干擾自然與持續的同儕社會性交往。也就是說，成人現身於一個進行中的同儕交往情境是不自然的，而且可能妨礙兩者的互動。例如，一個亞斯伯格症兒童可能不斷從成人處尋求支持和引導，然後只在提示時有回應。此外，一旦亞斯伯格症兒童真的回應了，成人中介可能近一步發展出僵硬的、不自然的互動。除了這些可能的問題，成人中介策略已經被認為是增進社會性互動最有效的方法之一。

同儕中介策略

　　同儕中介策略是教導有良好社會性能力的同儕，如何和亞斯伯格症兒童與青少年進行與支持社會性互動。經過訓練之後，同儕參與亞斯伯格症兒童與青少年的社會性活動。和成人中介策略不同的是，沒有任何成人提供社會性互動的提示。相反地，在訓練過後，亞斯伯格症兒童和他們的同儕一同參與社會性活動，獨立於成人的直接介入之外。

　　這個策略可增加身心障礙者正向的、適當的行為，因而增進

同儕對他們的接納。有人指出，將受歡迎的且高地位的同儕作為同盟者，同儕中介策略效果最好。有些研究者倡導小團體要由兩個同儕和一個亞斯伯格症兒童組成，以獲得更高層次的社會性互動，並促進更多正常社會性互動型態。以下是一個同儕中介策略的範例。

▶同儕中介活動

西門老師決定引用同儕中介策略來增進拉塔雅和她同學之間的社會性互動。這個決定是基於西門老師的觀察，她發現拉塔雅總是在下課、自由活動及午餐時間落單。在選定一個適當的同儕之前，西門老師找到一個有時會跟拉塔雅說話和遊戲的同學，西門老師邀請這位同儕參與社會性互動提升方案。當這位同儕答應後，西門老師便訓練拉塔雅和同儕在不同的情境互動，包括同儕應該如何回應拉塔雅的遊戲邀請、提示程序和增強方式。緊接著同儕訓練之後，西門老師觀察學生、提出建議，並於必要時提供回饋。但是在社會性活動進行時，西門老師讓拉塔雅和她的同儕獨立地互動。

使用同儕中介策略有幾項優點，首先，這個方法是增進社會性最自然的手段，因為它仰賴同儕間自然發生的互動，初始的訓練過後，成人允許兒童社會化，因此保證活動是基於正常發生的社會性互動，以及基於具社會性能力的同儕行為，而不是人為或

模擬的劇本。同儕中介策略相對容易實施，而且一般來說，在社會性互動的量與質上，都能提供最佳的結果。

同儕中介策略的弱點包括社會性互動技巧是否能夠類化到其他同儕、環境與情境令人存疑，因為兒童被訓練與特定同儕在教室中進行特定的遊戲。還有一個疑問，則是透過同儕中介策略所發展出的技巧，兒童是否能維持，因此，類化及維持的方案必須加以規劃。

詮釋

即使當亞斯伯格症者在社會與行為領域接受有效的教學，仍會有需要加以詮釋的情境。有幾個詮釋的策略能夠幫助亞斯伯格症者將無意義的行為轉變成有意義的互動，包括：(a)卡通，(b)社會性剖析，(c)後果選擇模擬情境策略。

卡通

視覺符號，例如卡通，已經被發現能夠提升自閉症族群個體的處理能力，並提升他們對環境的理解（Hagiwara & Myles, 1999; Kuttler, Myles, & Carlson, 1998）；視覺支持的其中一種型態就是卡通。這個技巧已經為語言治療師實行多年，用來提升個案的理解能力；卡通人物在幾個介入技巧扮演整合的角色：語用（Arwood, 1991）、心智解讀（Howlin et al., 1999），以及連環漫畫對話（Gray, 1995）。

連環漫畫對話由葛瑞（Gray, 1995）引進，為「有困難理解會話當中快速交換資訊的學生」（p. 2）描述及詮釋社會性情境，並提供支持。連環漫畫會話藉由簡單的人物和符號以增進社會性了解。口語、思考泡泡符號及顏色都可以用來幫助亞斯伯格症個體理解與分析會話。根據阿特烏（Attwood, 1998）的研究，連環漫畫對話「讓兒童分析及了解訊息與意思的範圍，而這是會話及遊戲的本質之一。許多亞斯伯格症兒童對嘲弄或諷刺感到困惑與氣憤，口語和思考泡泡還有顏色的選擇可以顯示出隱藏的訊息」（p. 72）。教育者可以畫出社會性情境來促進他們的了解，或協助學生自己畫。

卡通的成效少有科學的驗證（Rogers & Myles, 2001）。然而，有眾多的臨床證據顯示，有一些亞斯伯格症學生在使用成人的漫畫形式來解析和詮釋社會性情境和互動上，是很優秀的社會性學習候選人。也就是說，用一種和連環漫畫的設計相似的方式，社會性情境可以一步步地加以解析，包括試圖猜測他人的動機、詮釋及社會性反應。

舉例來說，湯姆，一個八年級的亞斯伯格症學生，常常很難理解別人的意圖，他特別在意女孩子們說他些什麼，他說她們「捉弄他」。湯姆的老師用卡通形式來描繪一個導致湯姆十分焦慮的事件，具體來說，湯姆覺得困擾是因為一個女孩說他有一個「可愛的屁股」，這女孩試著告訴湯姆她喜歡他，但湯姆把這個說法想成性騷擾，並告訴那女孩她是一個性別主義的豬。圖 5-2 是湯姆

的老師用來和他解釋這種情況的連環漫畫。

後果選擇模擬情境策略

後果選擇模擬情境策略（Situation Options Consequences Choices Serategies Simulation, SOCCSS）的發展是為了協助有社會性互動問題的學生，將人際關係放進一個依序排列的格式中（J. Roosa, personal communication, June 4, 1997），它幫助學生了解問題情境，並讓他們看到他們必須為眼前的情況做出選擇，而每個選擇都有一個後果。後果選擇模擬情境策略依以下的方式運作：

1.**情境**。當社會性問題發生時，教師和學生一起界定情境，具體地來說，他們界定：(a)誰牽涉其中；(b)發生了什麼事；(c)事件發生的日期、星期幾和時間；(d)目前情況發生的原因。他們一起界定問題，並透過討論、書寫和繪圖設定一個目標。

2.**選擇**。界定情境之後，學生和老師為界定的行為腦力激盪出一些選擇來。此時，教師接受所有的回應而不評論它們。一般來說，這些選擇用書寫或圖畫的形式列出。根據斯皮列克、布雷特和秀爾（Spivack, Platt, & Shure, 1976）的研究，這個步驟對問題解決很重要，產生多樣解決方式的能力減少學生的挫折感，鼓勵學生去看見多於一種的觀點，並養成學生的彈性。

3.**後果**。學生和教師一起評量每一個產生的選擇，凱普倫和卡特（Kaplan & Carter, 1995）建議評量選擇的：(a)有效性（這個解決方式將讓我得到我想要的嗎？），(b)可行性（我能夠做得到

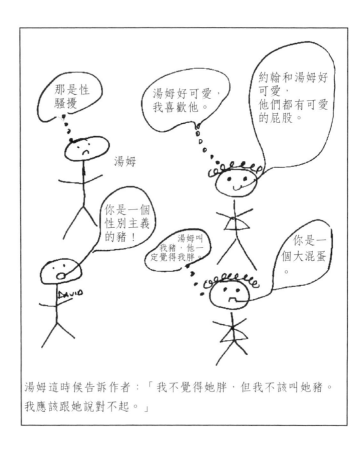

圖 5-2　連環漫畫對話例子

註：選自「用社會性故事和連環漫畫對話為亞斯伯格症青少年詮釋社會性
情境」（Using Social Stories and Comic Strip Conversations To Interpret
Social Situations for an Adolescent with Asperger Syndrome）by M. F.
Rogers and B. S. Myles, 2001, *Intervention in School and Clinic, 36,* p. 312.
Copyright 2001 by PRO-ED, Inc.

嗎？）。每一個後果都標記代表有效性的 E 或代表可行性的 F，
對年紀較小的兒童，這些選擇可以被標記為正（＋）代表可接受
的，或者負（－）代表不被接受的，按照得分高低排序，或者用
笑臉或哭臉表示。教師充當協助者，幫助學生為每個選擇創造後
果但不幫他決定後果。教師運用重要的問題協助學生創造他或她
自己的後果。

　　4.**選擇**。在這個階段中，學生選出一個或幾個能達到最想要
的後果的選擇，必要時，可由老師協助。

　　5.**策略**。學生和老師一起發展出一個有計畫的行動，這個計
畫必須由學生自己產生以提升擁有感，而教師應該要提出可引導
學生發展有效計畫的問題。

　　6.**模擬**。最後，給予學生機會進行解決方案的角色扮演。在
模擬的階段中，學生可以做以下幾件事：(a)找一個安靜的地方想
像這個策略如何實踐；(b)找一個同儕聊一聊這個行動的計畫；(c)
在紙上寫下當這個策略實施時，可能會發生什麼情況；(d)和一個
或一個以上的人練習或角色扮演已設計好的問題解決的策略。

　　圖 5-3 是可以用來增進後果選擇模擬情境策略的作業單實例。

情　　境		
誰	什麼	
何時	為什麼	
可能性	**後果**	**選擇**
策略		
模擬型態	模擬結果	
追蹤		

圖 5-3　後果選擇模擬情境策略作業單

註：改編自「了解潛在課程：亞斯伯格症兒童與青少年基本的社會性技巧」
　　（Understanding the Hidden Curriculum: An Essential Social Skill for Chil-
　　dren and Youth with Asperger Syndrome），by B. S. Myles and R. L. Sim-
　　pson, 2001, *Intervention in School and Clinic, 36*(5), p. 284. Copyright 2001
　　by PRO-ED, Inc. Adapted with permission. Originally adapted from *Men on
　　the Move: Competence and Cooperation "Conflict Resolution and Beyond,"*
　　by J. B. Roosa, 1995, Kansas City, MO: Author.

社會性剖析

　　社會性剖析由李察・拉維依（Richard LaVoie）（Bieber,
1994）發展出來，用來幫助有嚴重學習與社會性問題的學生了解
社會性錯誤。剖析，就傳統上的意義是指對死屍的檢驗與檢查，

以發現其死因、確認傷害,以及避免該死因發生在其他人身上。社會性剖析是對社會性錯誤的檢驗與檢查,以發現錯誤的原因、確定傷害,以及避免錯誤再次發生。當一個社會性錯誤發生,學生和教育者或照顧者一起探討這個錯誤,他們用非懲罰性的方式找出錯誤,然後討論誰受到傷害。剖析的第三步驟則是發展出一個計畫,以確定這個錯誤不再發生。由於亞斯伯格症兒童視覺上的優勢、問題解決能力上的缺陷,和語言處理上的問題,社會性剖析可以藉由書寫文字或短句或圖片的使用,來描述每一個步驟。

結　語

　　毫無疑問地,亞斯伯格症兒童與青少年能從社會性互動訓練得到許多好處;然而,不同的兒童有著不同的需求,而不同的情境造就不同的方案。因此,社會性互動方案很有可能對至少某些個體及在某些情況之下,證明是有用的。社會性互動方案的成功,能經由幾個因素的仔細考量而提升:

- 和亞斯伯格症兒童與青少年相關的成人,必須仔細地且互相合作建立適當的社會性互動目標,期待這些兒童將因為任何介入計畫而變得具社會性技巧或深知人情事故,是既不適當也不合理的;雖然合理的進步是可以期待的,但本章節所討論的策略不可能產生「治癒」的效果。

- 參與設計及實施亞斯伯格症兒童與青少年社會性互動方案

的成人，應該設計出符合現有社會性互動的活動與機會的方案，而不是創造出全新的情境。

- 社會性互動方案的設計會面臨的事實是，這些方案需要初始的與持續的訓練和支持。課程一旦開始，沒有持續不斷的支持，卻期待效果能持續下去，是不合理的。

- 社會性互動方案應該包含技巧類化與維持的計畫。

幾乎毫無疑問的，亞斯伯格症兒童與青少年呈現給專業人員及家長的是嚴重的社會性與行為的挑戰，並且需要各式各樣的支持；然而，當我們提供適當的結構、社會性互動機會，與行為管理支持，可以期待他們表現出技巧和進步。

第六章

了解亞斯伯格症對家庭的影響

- ◆ 蜜雪兒
- ◆ 布蘭特
- ◆ 愛德華
- ◆ 安德魯
- ◆ 丹恩
- ◆ 傑森

　　亞斯伯格症者的父母和家庭在沒有或幾乎沒有任何訓練下，和各式各樣的挑戰奮鬥著，就像其他身心障礙者的父母與家庭一樣，他們經歷了憤怒、失望、挫折及各種與這個障礙直接或間接相關的情緒。然而，在他們對於此一症狀沒有廣泛的了解，且大眾對於此症也少有人知的情況下，我們卻期待他們要了解並支持患有亞斯伯格症的家人。因此，除了在沒有或幾乎沒有支持的情況下，必須處理重大的個人挑戰之外，這些家庭還常常必須教育他人有關亞斯伯格症這個難以理解的障礙、特質和挑戰。

　　由於這些原因，亞斯伯格症者的父母與家庭成員的聲音及反映就形成此章。我們及參與本章者的希望，就是期待他們的經驗會對其他父母及家庭，還有亞斯伯格症領域的專業人員有所助益。

蜜雪兒

　　蜜雪兒是一個患有亞斯伯格症的少女，她在十二歲時被診斷出來，在那之前，蜜雪兒的怪異、固執和孤立的特質是一個謎，用來幫助她的方法也是特別怪異。

　　蜜雪兒總是一個「難搞」的孩子，她固著於自己獨特的做事方法，使她和周遭的人生活得很辛苦。即便是她的出生也是困難且獨特的，因為她出生時臉朝上（和一般人相反）。這也許是令人喜愛的，但就像隨之而來眾多蜜雪兒的「獨特性」，卻是不必要的辛苦工作。在這案例中，臉朝上代表母親二十三小時痛苦的

分娩。

　　蜜雪兒並不是一個讓人容易去愛的嬰兒。她以不受控制的高度尖叫定期有效地來表達她的不舒服。這在偶發的改變時特別明顯。例如，在她三個月大時的汽車旅行代表的是一路上無止盡的哭鬧，唯一的平靜時刻就是睡覺，而且那是不可預測且少有的。旅館房間、親戚家（任何陌生的環境）都是相似的方式；最後，媽媽和爸爸只好放棄，想說這只是「急性腸胃炎」，雖然這並不總是符合書上所說的，特別是「三個月就會消失」的那一部分（六或八個月還更像！）。

　　身為一個嬰兒，蜜雪兒被抱著時總是有點僵硬和蠕動，她從不擁抱別人，而且拒絕他人身體的接近和情感，雖然她能夠參與社會性遊戲並享受愚蠢活動，但並不是那麼樂意和他人互動，而且比較喜歡一個人玩。一歲快要結束前，當她和其他孩子在一起時，她開始呈現一種心神不寧的眼神，她一歲的生日照片是正常的——其他四個小女孩都聚焦在一些小事上面，而蜜雪兒露出一種好像入迷的表情，她的思緒聚焦在別處。接著，直到現在，蜜雪兒很少「活在當下」，她極少留意他人、物品或正在發生的事件，她的心思總在別處，雖然積極地思考，但不在這裡，不是現在。

　　就其社會性而言，蜜雪兒這個兩三歲的小女孩還是保持一貫的行為模式，她的母親反覆地努力邀請小女孩一起玩來培養友誼，可是事情很少「成功」。通常蜜雪兒似乎對人不感興趣。即使蜜

雪兒試著去和他人互動，她的努力就是怪怪的，而且沒什麼效果。就在大約這個時候，蜜雪兒的確交到一個朋友，名叫塔米加的鄰居女孩。塔米加是個動作緩慢的女孩，而且她的行為就像蜜雪兒一樣不尋常（例如：塔米加超級自負，大部分時間都不經意地吃著奶嘴，直到五歲！）。

兩個女孩幾乎經常一起為伴，從一歲到六歲直到塔米加和她的家人搬走為止。兩個人都明顯地用奇怪的方式相處，而雖然她們的個性並不「囓合」，卻能成功地用一種「平行」的遊戲風格作朋友，各做各的事但「在一起」，這樣的風格持續到塔米加搬家，安然度過平行遊戲視為是「正常」的年齡時期。

兩歲時，蜜雪兒多了一個弟弟，雖然弟弟的重要性次於朋友塔米加，但卻是蜜雪兒親密的伙伴，弟弟對她的接受是全然的。對蜜雪兒來說，她對弟弟扮演了保護者的角色。

四歲時，蜜雪兒每星期到幼稚園上課三天，相信她很聰明的父母卻震驚於來自老師負面的評價，他們擔心蜜雪兒不能好好地和其他孩子互動——非常擔心。大約在同時，蜜雪兒對屋子旁的一棵樹發展出一種奇特的依戀，後院的一棵櫟樹莫名其妙地變成「她的」樹；對此喜好的依戀，一年被提及好幾次，並持續長達十年。蜜雪兒對其「老朋友」樹的情感，可由長時間待在樹底下，且興奮的、栩栩如生談論樹得知。

小學是一段有趣的時光。對所有幼稚園大班兒童所做的標準化智力測驗顯示蜜雪兒的全量表智商是 130；但她的老師，一個年

紀較大且帶有絕對性專制權威的女人，對蜜雪兒的表現和行為並不滿意，她很少對她的父母說蜜雪兒好話。相反地，她似乎很討厭蜜雪兒，而蜜雪兒則常顯得難過和挫折。不令人驚訝地，老師建議蜜雪兒再讀一次幼稚園大班。

蜜雪兒幸運地在念第二次大班時，遇到一個新的而且非常不一樣的幼稚園老師，很明顯地她喜歡蜜雪兒，而且欣賞她獨特的方式。事實上，這位老師似乎喜歡所有的孩子，表現出對自己的喜悅和安全感，而且不拘泥於權威，這對蜜雪兒來說真是完美的配方，而且教育出比較快樂、滿足的學生。

經過幾年，這樣的教師模範在許多場合都很適合蜜雪兒。而嚴峻的、權威的老師，也許對很多學生是有益的，但對蜜雪兒卻很糟。蜜雪兒從來無法取悅軍事管教型的老師，強調秩序及精確完全超過蜜雪兒的能力。這樣的老師對她的表現及行為都有負面的影響，特別在她對自己的感覺。

幸運的是，接下來的四年學校生活，連續來了幾個合理的、接納的、支持的老師，他們允許蜜雪兒做自己。他們經常發現密雪兒以其獨特的方式來表現其參與和興趣。他們很實際地看待她的進展，但又用很小心不太批判的角度，來面對她在學校功課和在班級中疏失的眾多小缺陷。雖然蜜雪兒絕對不是一個理想的學生，但她很順從且從來不具破壞性。

蜜雪兒在小學的行為對周遭其他兒童來說一直是不尋常的，她被形容成疏離的、與人無關聯的及孤單的狼。蜜雪兒在學校幾

乎很少和其他兒童互動，除非身為直接由老師主導的遊戲團體當中的一份子。下課時間裡，蜜雪兒通常會自己遊蕩，愉快地被自己的思想所獨占。這個模式主要的例外（而且經常發生）就是她常常找成人來「進行會話」；這樣的會話常是單向的，蜜雪兒用一種略為賣弄才學的方式漫談著關於她喜歡的一些主題。在老師們不甚在意禮貌及某種程度興趣的情況下允許這樣的行為。但他們會打斷蜜雪兒的獨占談話，鼓勵她和其他兒童玩在一起。

家庭生活對蜜雪兒來說，在小學階段大部分依循早期的模式，與塔米加的友誼和之前一樣直到塔米加搬家。儘管塔米加扮演著核心且重要的角色，她的離別並沒有造成明顯的哀傷或失落感，如同其他所注意到的事件。培養和「正常」女孩互動的企圖一直沒有成功，她的父母似乎要比蜜雪兒自己來得痛苦。

八歲左右搬家到一個不同的社區為蜜雪兒帶來潛在玩伴的新選擇，但一點進展都沒有。然而，一段有趣的關係的確在搬家後發展出來，蜜雪兒敬畏隔壁一個漂亮且頗自負的小女生，並主動地建立友誼。一段關係的確發展了，因為蜜雪兒對這位鄰居高度的關心，以及大家都認為這位鄰居有很棒的自尊。但是幾個月後，這位鄰居對這段關係變得疲憊而突然結束了。

蜜雪兒一點都不感到困窘和羞恥，用雖然怪異的努力重複並熱烈想要重新獲得友誼，幾次失敗後，她發現有個方法有用——她變成鄰居的僕人，幫她做各種的作業以換得「朋友」的注意，即使當這個不尋常的方式對她的鄰居失去效用，蜜雪兒接受第二

次失去朋友的事實，沒有任何自責或恥辱。不幸的是，這種對羞辱沒感覺的態度並不是永遠的。

在家中，小學生蜜雪兒花了很多時間獨自待在自己的房間，雖然曾有一陣子對蒐集郵票有短暫的興趣，但絕大部分的活動顯得毫無目的。她很難對任何特定活動保持注意力，因此很快地從一個活動轉到另一個活動，從來沒有完成任何事情。父親在蜜雪兒的房間和她建立了一個頗規律的閱讀習慣，尤其是《焦點雜誌》，帶給彼此許多喜悅。在這個階段，蜜雪兒喜歡跟父親一起做功課，尤其當父親讀東西給她聽時。同時在這個階段，蜜雪兒與生俱來的極度凌亂在她的房間變得十分明顯，而且特別是在學校，老師也總是明確地注意到她的混亂。

明顯地，蜜雪兒並不想要混亂和沒條沒理的，而且從來沒有對其他人幫助她「進入狀況」的企圖感到敵視。她就是單純的沒辦法保持組織性，也有可能是她無視於「這裡和當下」，使得整潔此事變得不重要。有條有理的代價太高，需要她持續地維持注意力，而這使得蜜雪兒感到沉悶、疲勞，甚至筋疲力竭。

五年級是學校的重大轉捩點，此時不只功課的難度增加，老師也改變他原先自由放任的態度，取而代之的，是堅決要求學校功課，同時不願意對此保持彈性。儘管蜜雪兒有與生俱來的聰明才智，卻常常不能應付要求，完成功課，並自己交出功課，更不用提對於家庭作業進度的追蹤等。父母鑑於蜜雪兒的缺點而要求老師調整的努力並不成功。老師相信發展組織化的能力和責任感

是第一要務，任何孩子都能做到，只要他或她願意。這一直是接下來四年蜜雪兒老師的主要規戒。結果，蜜雪兒的責任感和組織性沒有明顯的進步，也少有學習可言。

六年級老師複製五年級老師的僵化嚴苛，且有過之而無不及，雖然這位老師對她班上大部分的學生是有活力且有效率的，但不能接受學生的不從眾、凌亂、沒秩序，或任何從這三種衍生出來的特質。這位老師能讓火車準時開動，但不在意那些被遺留在車站的人，那常常就是蜜雪兒。事實上，蜜雪兒的不從眾讓這位老師始終不喜歡她。

在此同時，蜜雪兒的老師開始相信她是沒有用的，而蜜雪兒也對自己產生同樣的結論。在青少年早期，蜜雪兒經歷大部分孩子都經歷的自我意識的成長，雖然大部分孩子在這個歷程是正向的，蜜雪兒這個案例卻不是。在這之前，蜜雪兒幾乎毫不在乎她無法與其他兒童發展關係，以及成為團體中一份子的這個事實。她滿足於實際上獨自一人度過下課和午餐時間，也不在意她沒有朋友。

然而，一旦自我意識開始發展，蜜雪兒了解到她無法融入團體，讓她非常痛苦。因此，她變得憂鬱，而她愉人的行為舉止也變成哀傷、挫折，甚至憤怒了。在家裡，她幾乎都待在房間，為了紓解壓力，她開始了用大頭針或小刀割自己這種令人傷心痛苦的習慣。雖然傷害是表面的而且不危險，但也明顯到足夠震驚學校和家庭。對了解她的人來說，這樣的割傷自己並不是意圖要造

成傷害，只是要紓解壓力。然而，學校或其他「關心」她的成人對此感到憂心，關於自殺的問題自然而然產生。「是的」，她有時會想到死亡，「是的」，她曾經想過自殺，也許你會想像，這一切都是用來解放注意力的洪流。蜜雪兒，一個正受苦於無法發展與融入他人會話的女孩，已經找到避免自己被忽視的重要方法。

接下來所發生的並不是好事，蜜雪兒不僅因其令人擔心的言談，而由成人及其他兒童處獲得無止盡的注意力，也很快學到這種遊戲並且變得很在行。但是蜜雪兒無意操弄他人，對蜜雪兒來說，她只是用她所知最好的方法得到她需要的。當然，任何一個兒童都可能被這種立即的注意力引誘，但是大部分年紀較小的青少年都能意識到它的代價，並且完全避免談到自殺，或者很快地就會放棄。蜜雪兒並不了解，所以她持續著，一旦這個自殺的題材失去影響力，很快地，其他令人震驚的事情便取而代之。不幸的是，蜜雪兒不能理解它對同儕的負面影響，他們對她的怪異和不喜歡的感覺只是更加深了。

這個行為最後讓她進了心理師的辦公室，在那兒，情況如螺旋般向下惡化。在揭開任何隱藏的變態心理的努力下，心理學家鼓勵蜜雪兒表達任何潛藏在她內心黑暗深處病態或可怕的思想。對蜜雪兒來說，她再樂意不過了，就在當下，他對醫師創造出大量令人震驚的幻想，而醫師則提供蜜雪兒許多高品質而令人滿意的注意力以為回報。

醫師和病人都成了犧牲品。對心理學家來說，結果是常錯診

為極度變態人格；對蜜雪兒來說，這樣的注意力剛好增強了震驚的議題是有效的觀念，蜜雪兒割傷自己和自殺的想法甚至變得更尋常，隨後則由同性戀主義、多重人格與犯罪的朋友的虛構默想所取代。

布蘭特

聖誕老公公正準備拜訪我兒子就讀的幼稚園，此刻正是問孩子他們希望得到什麼聖誕禮物的時候，突然，我們的兒子把聖誕老公公的椅子拉開，歡樂的聖誕老公公摔成一團，其他孩子和他們的父母都不知道該怎麼辦，我和我太太也不知道。

超過八年的時間過去了，我們才接到亞斯伯格症——通常被稱為高功能自閉症的診斷，這個診斷至少提供了一個清楚的焦點，解釋幼稚園的尷尬，和我兒子超過一打的其他怪異行為。

據說聖誕老公公已經康復了，媽媽和爸爸卻疲於奔命應付小兒科醫師、精神科醫師、心理學家、過敏症專科醫師、治療師、教育諮詢顧問和諮商師，還不能省略醫療保險人員、公私立學校行政人員和在家教育人員。喔，是的，我們還搬了九百哩到一個應該是對過敏友善的環境（在那裡新的過敏取代舊的），還在幾個月內又搬回來以解決鄉愁，我們準備好到任何地方去。

然而，遲來的亞斯伯格症的診斷，目前卻幫助我們減少了所謂的「父母的恐慌」，我們對於期待些什麼、如何應對、如何準

備好處理那些非預期的事，更敏銳了。也許有人會合理地問到，這樣的診斷是否也對我們兒子的未來帶來恐懼不安——關於他是否能成功地行走於社會性規範迷宮，這是亞斯伯格症者最有壓力的黑暗之地。是的，這個診斷帶來新的憂慮，尤其是他即將逼近的青少年期的約會，以及他是否能完全了解為婚姻、為教養孩子、為良好的工作等所做的承諾；也會擔憂亞斯伯格症的特徵是否會遺傳給他的孩子。

但是（即使我們每天都要調整自己，未來也還是不確定），仍有一個非預期的「光明」面。有一陣子，覺得不只是如此而已。

亞斯伯格症的診斷和我們接下來的文獻閱讀，已經幫助我們了解許多已經跟隨我們多年的疑問，像是：

- 為什麼當我們的兒子是一個兩三歲的小孩，而且可以清楚地說話時，卻用空洞的注視回應我們熱情的問候？

- 為什麼他抗拒擁抱，卻在和媽媽或爸爸睡覺時，把他身體的全部黏上我們的背部？

- 為什麼當有人打開吸塵器時，他會把自己摔到地上並尖叫？

- 為什麼他的問題變得愈來愈重複，就像從來沒有聽過我的答案？

- 為什麼，在他大部分的童年時光中，我們的兒子無法一對一和爸爸傳球，或者學會正確地擲球？

- 為什麼當一位同學的狗死了而我們的兒子得知時，他當著喪狗孩子的面取笑人家？

- 為什麼經歷過自隊友充滿憎恨的咆哮後,我們的兒子仍然堅持他只是想要幫助對手而已?

- 為什麼在他上學的前幾年,每當必須轉換到新的任務時,他會極端地無所適從?

- 所有那些時有時無的抽搐從何而來?還有手和手臂奇怪的晃動、不斷的咳嗽、口吃、大聲的擤鼻涕呢?

- 是什麼引發那些周期地且可怕的焦慮侵襲,有時還猛烈地咬自己和重重地撞擊自己的手?

- 為什麼「朋友」一致性拋棄他,令人心碎?

- 為什麼長久以來他對合腰舒適的褲子感到不舒服,而堅決穿不恰當但較軟的汗衫?

- 為什麼介紹我們的兒子給他人時,他的身體僵硬,而且他的臉部出現大吃一驚的表情──即使他能相對輕鬆對整屋子的人演講呢?

- 他怎麼可能以之前不穩定,而且常常以情緒崩潰做結的練習後,對一群聽眾表現近乎完美的鋼琴演奏?

- 為什麼他的閱讀理解成績拉警報般地急劇下降?

- 為什麼當我們在早期為他準備好廣泛的閱讀教材時,他將自己沉浸在汽車展示間促銷的書籍?

- 是什麼造成一個如此高智商的孩子幾乎沒有動機與低動力?

- 是什麼使得我們的兒子將一個簡單的道歉轉變成一種固執性的自我嚴懲──經常是到達令媽媽和爸爸不安的程度?

　　雖然令人滿意的程度有限，但在尚未有答案之前，所有對於亞斯伯格症的問題的答案，僅只是猜測而已。從緊張程度的改變，我們也注意我們兒子的能力已經向前邁進，包括轉換工作、接球、穿著適當等能力。在父母能力的擴增上也有長足的進步，能耐心地理解他，也逐漸相信某些亞斯伯格症狀即使不能克服，也能繞過它。

　　雖然醫師能就行為的組合，決定孩子自閉症的程度，但他們不知道為什麼亞斯伯格症兒童會出現這些行為。對於令人苦惱的亞斯伯格症狀是否可以經由行為改變技術或生物化學而加以改變，也幾乎沒有共識。

　　父母仰賴醫療從業人員給予答案的程度遠比我們想像的還大。然而，身為父母的我們就跟那些第一次試著發明輪子的人一樣，父母必須先檢視每個線，看是否可能有用，或是否可以某種方式來安撫孩子。這些方法試了又試，失敗了，就倒回去，再試另一種方法。

　　例如，我和十二歲的兒子參加進階自閉症者組織的會議。在那裡學到的眾多事情之一就是，亞斯伯格症兒童有時喜歡被「包起來」，或者「作繭自縛」（這有助解釋幼年早期的睡姿）。我的兒子在會議數個月前，在晚上睡覺前開始養成咳嗽並抽搐三十至九十分鐘的習慣，當他問我（從會議回家途中的汽車旅館中）是否可以和我睡在一起時，我說：「當然可以！」然後開始有節奏且非常溫柔地緩慢按撫他的頭部，他咳了九或十次，接著在五

分鐘之內就睡著了。接下來在家中用同樣的方法嘗試，我讓他在少於兩分鐘之內睡著。在這個的描述中，這樣的按撫似乎不需要，即使我們期待抽搐可能回來。我們學到了什麼？他也許長大了，幾乎像爸爸一樣高，但他仍是個小男孩——一個有特殊需求的小男孩。

現在那些需求強迫我們去了解大聲噪音對我們兒子的影響，並且盡力去避免它（記得那個吸塵器嗎？）。例如，我們患有令人煩惱的注意力缺陷過動症的小兒子，他無功能的尖叫已經減少了。而我們亞斯伯格症兒子的感官問題也包括觸摸，以及各種衣服材質所造成的不舒服或影響。

新的注意力轉向到會話及社會經驗，這是亞斯伯格症者的恐怖叢林，爸爸與媽媽現在可能發現清除叢林道路的方法。現在我們更知道大兒子怎麼思考的，以及由於神經病理所造成他與我們看世界不同之處。

我們已經發現一些在我們自己身上的亞斯伯格症特質，有助於我們解釋自己過去與現在的怪異，這已經給我們如何幫助兒子從類似的特質中脫困的線索，這些特質對我們是不好的。

我們仍覺得難以相信，需要這麼多的專業人員及花這麼多年的篩檢時間，才能確認我們兒子的症狀，要是我們能早點知道我們現在所知的，便可以避免在這幾年變得嚴重的許多學校危機；特別是老師們通常所感受到的那種發言與質問的方式。他對老師是輕浮的——因為他的幽默並不將社會傳統納入考量，他也許對

自己說：「試試看吧！看結果怎麼樣。」然後當老師交付包括六或七個步驟的作業，而且繳交期限在很遠以後，像是期末作業或研究報告，我們的兒子就嚇到了。下列的行為是他想要把這樣的作業做好的徵兆，他會一點一點詳細地問，以理解他所要做的每件事，但就是那樣的問法讓老師抓狂。見到老師這樣的反應，他決定精神上與情緒上要從這個工作逃開。在作業繳交期限的前一晚，他不一定會告訴媽媽和爸爸並尋求協助。

　　因為高功能自閉症的標記，我們的兒子被安置在公立學校，他受到一九九○年的美國身心障礙公法的保護，這項法律的應用非常有助益。不像以往的經驗，不是所有的老師都說一些像是「我知道他何時扯我的後腿」這樣的事情來打發我們兒子的怪異。謝謝國中特殊教育專業人員在家中的出現，某種像是問題處理的網絡現在正在戒備狀態。我們並不是說在危機之前就有介入，如焦慮的襲擊，但確有新的學校人員正在處理我們兒子的緊急狀況，使得情況不會惡化。我們甚至注意到一個可喜趨勢的成長，即特教團隊試著在學校內「解決」問題，而不是將他送回家。我們總是給他替代方案選擇，讓他知道有一個安全的天堂，但也許學校的方法對他更好。

　　因為亞斯伯格症兒童傾向當沙發馬鈴薯（譯註：指躺在沙發上看電視），加上他們運動上的困難，我們的兒子變得很肥胖。我的太太便想到一個點子，請一位個人教練經常來和我兒子一起運動，在一段很短的時間內，我們的兒子開始變得好多了，他也

似乎在體力及情緒上感覺較好。我們不在乎這要花多少錢，只要它能有效地讓我們的兒子更健康和更快樂。

之前我提到的「光明」面，指的是我們一頭栽入亞斯伯格症世界以及我們學到兒子的障礙雖然很複雜，但可以識別。我們樂觀地看待他在藝術、音樂、電腦、數學，以及記憶、分析和特殊推理上的技能。但這些能力會引導他往哪裡去呢？在天寶‧葛蘭汀（Temple Grandin）（我們在進階自閉症者組織會議中聽到她的演講）的書《圖畫思考及我自閉症生活的其他報告》（*Thinking in Pictures and Other Reports from My Life with Autism*, 1995）中，她舉了一個很好的例子，說明亞伯特‧愛因斯坦是現在稱之為亞斯伯格症者的可能性，她也舉出其他擁有這些特質的名人。葛蘭汀博士是一個高功能自閉症者，以及傑出的動物科學家。她設計出三分之一目前美國使用的家畜處理設備，光是知道像她這樣具生產力的生活是可能的，已經點亮了我們孩子的前景。

身為父母，現在我們已經超越了「為什麼是我們？」而且因為亞斯伯格症兒童的徵狀彼此不同之處和相似之處一樣多，支持團體的協助是有限的。我們目前主要的焦點是引導他盡其所能做好，趁他的年紀是我們還能發揮最大影響力的時候。

無論何時我們看著或聽著這個英俊的、有天分的、赤子之心的孩子，並且體認到我們是如此幸運地能夠說：「他是我們的！」我們毫不懷疑我們的能力，我們可以面對亞斯伯格症所帶來的任何挑戰。

愛德華

　　和一個亞斯伯格症孩子住在一起代表著一次只過一天——常常是一次一分鐘，即使是當正確的診斷終於到來，而且你開始了解到你孩子的問題從何而來時。和亞斯伯格症者生活在一起，對家庭中每一個人都造成極大的挫折和壓力，它影響了我們生活的每一個層面，而且有時這威脅我們造成不安。但他是我們的兒子，所以我們持續奮鬥使我們多度過一天。

　　每一天我們都在值班，因為我們從來不知道我們可能必須處理什麼情況，可能只是當愛德華和朋友在一起常常會發生的眾多誤會之一，而我們必須介入調停、解釋或引導他經歷整個過程，就好像我們必須處理一個可能會對他或其他人危險的情境，就因為他並不了解因果關係。當愛德華長大一些，當他有過度壓力時，激烈而不適切的行為已經不那麼頻繁，但卻更嚴重。既然沒有任何的警兆讓我們得知愛德華很緊張，而他自己又不能體會到。當他在身邊時，我們都生活在一種有點「打或逃」的情況。我們必須準備好對我們甚至永遠都想不到必須處理的情況採取快速、果決的行動。即便我們知道他的攻擊和危險行為是一種壓力的反應，不一定和目前發生的情境有關，或針對「受害者」個人；但當它們發生時，不感到挫敗是不可能的。

　　在嘗試過許多不同的調解方法，結果卻只有中等的改善後，

我們下了一個結論，降低他的壓力程度是幫助我們兒子最好的方法。在家中我們已經做到的就是不給他家庭雜事表，並且一次只給他一項工作。我們每天都多次地確認他在房間裡有「安靜」時間，我們總是謹慎地監督他。我們試著減低他在家中壓力程度最重要的兩個方法，也許就是防止愛德華陷入麻煩的情境，並嚴格地執行時間表（這通常代表了許多的提醒，和將他的注意力重新聚焦到手邊的工作上）。

不幸的是，我們並未能夠在家裡以外的地方提供適當的支援。因為正就讀高中的愛德華如果有做功課的話，成績很好，且行為和樣子看起來不像一個有明顯障礙的人，大家拒絕接受他是一個有障礙的人的事實。他們選擇不去了解他，雖然他的智力高，他對基本生活技能的了解其實就和認知能力較差的自閉症兒童差不多，基本技能包括諸如對與錯、自我負責、因與果，以及社會義務與期待等。他對其他人的暗示的知覺、詮釋和回應也是有缺陷的。因為他不能過濾刺激，所以當他感受太多壓力時，常常退縮到自己的世界，或者表現得很不恰當；和自閉症兒童一樣，他們選擇不去看這些。因為他的缺陷，他沒辦法單純和「正常」同儕一起，就學會適當態度和行為。認為愛德華故意表現這些行為，或他就是「怪異」，或單純地應該忽視他不適當的行為，對他們來說比較簡單些。

這種在教育體系中以「把頭埋進沙堆裡」的態度面對愛德華的障礙結果，就是我們必須被強迫每天眼睜睜看著他在一次又一

次的情境中被拒絕、挫敗、憤怒，因為他不明白發生了什麼事，
或者需要做什麼事以符合對他的期待。因為他無法體認到自己的
感受，便無法應對它們，壓力程度累積，造成更多不適當的行為
與攻擊。由於他所有的精力都花在只是試著度過學校的一天，通
常回到家時已經精疲力竭，並準備好從一天所有的壓力與困惑中
爆發，而家庭正是他對準矛頭的地方。

　　為了試圖幫助他紓解一些壓力，愛德華和我在每天放學後會
有立即的談話，我們談論他心中的事情，無論好的壞的，我嘗試
對他解釋為什麼情況會這樣，並幫助他建立事情的觀點，我們也
利用這個時間演練不久的將來可能會發生的情況，希望這能協助
他有比較好的應對方式，並減少一些他的焦慮。

　　不幸的是，這並不總是有效，特別是當他生氣、焦躁或沮喪
時，我們已經試著教他適當的方法處理他的感覺，但因他無法覺
知自己的感受，所以無法在必要時使用這些替代方案。若我們鼓
勵他去使用它們，他就變得非常好戰而且生氣，因為他認為是強
迫他做一件他看不出有必要做的事情，這只會增加問題。當愛德
華變得愈來愈緊張不安，我們看到他對弟弟和妹妹隨意攻擊絕對
的增加，最近，也包括了我。這樣的攻擊常以暴力煽動的方式出
現，可能會造成身材較小的人受傷、進行無謂的言語攻擊，或者
肢體動作，他們無力保護自己與其對抗，因為他實在比他們都大
多了。即使最近我們要他在房間裡多花一點安靜時間，壓力仍是
持續累積，最後愛德華開始聽見聲音。他開始做一些不合理及具

潛在危險的事情，像是偷竊、逃跑、混合化學藥物，或身體排泄物放進飲料或身體清潔用品中、用火做實驗，和許多我們大部分的人想都沒有想過，更別提會去做的其他事情。

自然而然地，愛德華的問題也影響了他的弟弟妹妹——拿山尼和羅莎，對他們來說，很難理解為什麼他們所愛的大哥會突然沒有明顯的原因，就做出或說出傷害或讓他們感到沮喪的事情。雖然大部分的時間裡，愛德華的行為只是很煩，或者表現小他好幾歲的行為來。但其行為的不可預測性，已經使得他的弟弟妹妹在他身邊時小心翼翼。就像現在八歲的拿山尼說的：「我希望我知道愛德華要表現得像我的大哥或小弟弟，這樣我就知道要怎樣面對他，我無法信任他。」

當愛德華持續重複他們在很久以前就知道是不對的不適當行為時，他們也感到困惑，即使五歲的羅莎也知道很多愛德華的行為和態度像「小孩子」。即使我們較小的孩子不能理解，一個人能夠一個字一個字背出規則，卻無法應用在他們自己身上。我們仍必須想其他的辦法幫助他們保持對與錯的平衡。愛德華和其他兩個孩子違反規則時，我們給予一樣的結果。如果拿山尼和羅莎違背某項規則的結果是站在牆角兩分鐘，當愛德華違反這項規則時，他就得站在牆角兩分鐘。我們這些老傢伙——希望也是較有智慧的——知道既然愛德華不能連結其行為與結果，他就不能從情境中學習。於是我們設定一致性的模式給我們較年幼的孩子，讓他們知道錯就是錯，無論是誰做的，而且結果將是一樣的。這

樣也讓他們安心地知道愛德華對他們不適當的行為反應會被指出來，他的障礙並不是壞行為的藉口。

另一個問題領域，特別是對拿山尼，是和朋友在一起玩。因為愛德華的友誼無法在學校的情境外延續，他便傾向侵入拿山尼和他朋友做的任何事，而且壟斷整個情境，常見的結果就是拿山尼鼓勵大家一起將愛德華排除在外，而這當然使得他很生氣。我們發現維護拿山尼擁有自己朋友權益最好的方法，就是將愛德華的注意力從年幼的孩子轉移到另一個活動上，除非我們當中有一個人能夠一有需要就近介入。

對兩個手足來說，最常令他們感到挫折的領域大概就是愛德華坐著不做任何事，或者到他的「區域」（進入一個電視或電腦的「安全區域」而將所有其他人排除在外），他們喜歡和大家一起做事情，不能理解愛德華在不和其他人互動時要舒服得多。幾次試圖要愛德華跟他們玩但又失敗後，他們傾向將它當成是個人的事，雖然不是那回事。有時我們允許愛德華有一些「區域」時間，有時候媽媽或爸爸會介入，並引導愛德華和其中一個較年幼的孩子一起參與體力活動或心智挑戰遊戲，而我們保持一些關注，只是以防萬一有需要介入。

也許我們協助羅莎和拿山尼降低被愛德華排拒在外的感覺最簡單的方法就是，鼓勵他們在他看電視時和他「依偎」在一起，雖然愛德華最多只會偶爾將手臂圍繞著其中一個手足。但至少他不會拒絕羅莎爬到他的腿上，或拿山尼背靠著他，而他們能也感

受到被接納。在晚餐前一個小時左右，看到三個孩子互相依偎在沙發上看電視劇，並不是件不尋常的事，而平靜在那一刻短暫降臨。

由於愛德華持續地需要來自媽媽和爸爸額外的時間和監督，較小的孩子有時會覺得被輕忽與不被重視，為了試圖部分減輕這些感覺，我先生和我在一天結束前，為羅莎和拿山尼保留了一個「故事」時間，他們每個人在一天結束前，各有約十分鐘保證不被干擾的時間分別和爸爸媽媽在一起，我們讀故事、聊天或者也許玩個遊戲。在這段時間，愛德華待在他的房間進行他自己選擇的活動，這樣一來，我們可以給較小的孩子不被切割的注意力，而且讓他們知道，他們對我們來說是一樣的重要。

除了處理這所有的一切，身為亞斯伯格症孩子的父母，我們也包含在這個世界對我們兒子的負面態度中，我們被教育者、我們兒子同儕的父母，甚至家庭成員認為有不好的教養、太嚴格、太寬容、太保護、不合理。處於公共場合時，我們常常接收到不以為然的眼光，因為如果我們要愛德華聽我們的，就不能對他像我們對其他孩子一樣說話。雖然不知情的人的意見對我們來說不是那麼重要，但當我們不能讓愛德華一個人在家，以及我們無法找到保母和他一起的事實同時出現時，我們的社交生活幾乎不存在。若不能把愛德華帶在身邊，那就只好至少留下我們其中一人在家。

身為愛德華父母另一部分的每日生活就是筋疲力竭。必須持

續性地保持警戒，還有處理一千零一件愛德華惱人卻又不了解那是必須付出代價的事。養育一個「典型」的青少年是很累人的，但提供愛德華每天所需的額外監督，則耗盡了體力與情緒。不幸的是，夜晚也不能有所舒緩，因為愛德華經常在他上床後好幾個小時都睡不著，特別在他的壓力升高時。知道他行為的不可預測性，除非他睡著我們無法入睡。從此，我們淺淺地睡，隨時準備應對。

　　一個總是潛藏在我們心底深處的最大擔憂就是我們兒子的未來，這個擔憂每天隨著愛德華生理及智能趨近成人逐漸滋長，許多外在世界所需生存與成功的基本技能，他都只維持在非常幼小孩子的程度。我們向前看，並看到當我們的兒子兩年後從高中畢業，除了智力以外，他將無法準備好獨自應付大學，甚至職業學校的要求。我們不想看見他被迫坐在家中什麼事也不能做，因為這個世界不會接納他、引導他並給他所需的設施，讓他成為一個社會上有生產力的一員。

　　我們也必須往前想，直到當我們不再能夠提供他所需的時候。不幸的是，當下並沒有任何地方能讓亞斯伯格症者去尋求任何形式的協助，因為他們不符合所有法令的標準。當我們試著將亞斯伯格症者的困境與潛能引起公眾注意的焦點時，我們的家庭正和這樣可怕的擔憂共存。

　　就像所有的家庭一樣，我們有好的日子，也有不怎麼好的日子。說真的，我們的好日子要比一般家庭更充滿壓力。而我們的

壞日子就像生活在戰爭區，但就像大部分的家庭，好日子要比壞日子多。我們已經學會珍惜那些當愛德華將所有的事情拼湊在一起，並且適切地回應他人，或對自己有周全的思考等不常發生的時刻——例如我們走進房間，發現愛德華坐在沙發上，臉上帶著罕見的滿足又祥和的表情，而他兩位年幼的自閉症表兄弟蜷曲睡在他的臂彎。我們也學會感激及發現一些他對事情獨到見解帶來的樂趣，我們期待他明白自己某件事做得很成功，而且對自己感到驕傲的那些不常見的機會。我們印象深刻，當某件事件短暫地開了一扇窗，他會以其洞見寫下詩來。

最重要的是，儘管有種種的問題且情況在惡化，這些罕見的時刻提醒我們，有一個好孩子很想和其他人一樣，而那給了我們希望和力量繼續多度過一天。

安德魯

我的名字是喬艾倫，我有一個亞斯伯格症的兒子。一年以前，我從來沒有聽過這個病症，但是現在，我覺得我試著接觸每一本書、每一篇文章，以及任何片段的資訊，幫助我了解我的兒子，並協助他、引導他的一生。我希望我寫下的一些想法與感受，能幫助其他正在幫助亞斯伯格症兒童的父母、家庭，或者教師。我也許能夠分享一些我們和兒子安德魯掙扎與成功的經驗，也許某些小秘方可幫助你走過你的旅程。

　　我的兒子在他六歲生日前幾個月被診斷出來。我丈夫和我是受良好教育的專業人員，他是一個工程師，而我是一個護士，安德魯是我們最大的孩子，他和我們以及他三歲的妹妹住在中等水準的郊區。從我們接到診斷至今只有七個月，做了許多事情才完成診斷，而診斷後也發生許多的事情。事實上，根據許多和我們談過話的專業人員的說法，安德魯是被診斷為亞斯伯格症孩子中，年紀最小者之一，我擔心那表示他是一個很嚴重的個案。但我相信相反的情形，比較可能是因為我們的堅持和關注導致這樣的診斷。

　　安德魯是一個金髮、藍眼的六歲半男孩，他是電腦奇才，而且喜歡看科學與實驗書籍。他就讀公立學校體系的全天幼稚園，雖然他並不是很喜歡學校功課，他的閱讀水準卻已經有三年級程度。他看起來像是任何其他幼稚園的小朋友，直到你在他的身邊待久一點的時間，才會注意到他的個性有些微的不同。例如，他和其他孩子沒有很多眼神接觸，而且他非常獨特，不去碰手指油料或任何骯髒的東西；他在學校很少舉手，而且常常做白日夢，或是出現心不在焉的眼神。他很難跟同儕互動，當他挫折時偶爾會尖叫。最近在安靜的時刻，他開始有類似自言自語的情況，有點像是和他人交談的再現。他正在學敲敲門笑話的遊戲（譯註：一種學齡前孩子都會玩的簡單互動遊戲），而我們在社會情境下一起閱讀書籍；他不常和其他孩子玩，他只穿汗褲（因為比較軟），他很喜歡吃起來「脆脆」的食物，而且不吃黏黏的東西。

我們總認為他是理想的孩子，他在學步時，就能自得其樂；我們不知道這是風雨來臨的前兆。

我將分享我發現有助於和亞斯伯格症孩子相處之事，至少對我來說如此。我將簡短說明診斷前的歷史，然後分享身為家人的我們發現有益之事。

在早產陣痛且複雜的懷孕過程之後，安德魯早五個星期出生。因為核磁共振掃描證實有負面的「類似癲癇活動」，他在新生兒密集照護中心待了一個星期。他並沒有其他的神經生理問題，而且似乎是發展得很好。他在九個月大的檢查中，發現動作技能有些許的落後，但經過早產校正後，他是正常的。他較慢學會走路（十四個月大），但學說話時間剛好。他唯一真正的疾病是頻繁的耳朵感染，已經過耳管治療。他總是喜歡自己玩、看書和自娛，我們的朋友說我們有一個「完美的孩子」。他從來不是個愛攀爬的人，從來不試著爬出他的嬰兒床，而且是個良好的進食者。然而，他的確做一些像是根據大小和形狀排列物品成一直線的事情，而且他能辨認環境中不尋常的事物，像是膠帶機形狀像 6，或者當它倒過來，是 9。他在三到四歲之間開始認字，而且可以將它們放到適當的上下文中。

直到他四歲開始上幼稚園前，我們沒有任何的擔憂。他的老師注意到他不會穿鞋子，她告訴我們若他不能自己穿脫衣物，擔心影響他的自尊，但這似乎一點都不困擾他。她還說他就是不像其他孩子一樣「正常」，他不常跟他們玩，還有他的行為已經不

只是「獨特」而已。每一通她的來電對我們來說都是負面的，一段時間後，我覺得她看不到我們兒子任何的正面價值，在幾通打給我們關於我們孩子「不尋常行為」的電話後，她建議我們透過學校系統為孩子施測，我們按她的要求做了，而他們說他是「與其年齡相稱」。

　　身為一個母親，我想要證明安德魯是真的「正常」，所以我掛了在附近大學醫學中心看診的一位小兒發展專科醫師的門診。這位醫師發現他很健康，在正常的範圍內；但是，他展現了一些她所謂的「反抗行為」。也就是，他違抗我們，故意不要自己穿脫衣物，她建議我們看心理學家，幫助我們教養他。

　　於是我們約了一位行為心理學家，他和我們一起做暫時隔離，這好像有一些幫助，他也看到我們的兒子有多聰明。安德魯仍然不能將穿脫衣物做得很好，而我們經歷很多試著讓他穿上鞋子的挫敗早晨，在四或五個治療階段之後，他建議我們帶兒子由「多專業團隊進行篩選」檢測自閉症。身為一個母親，我必須說我十分震驚，我的兒子不可能有自閉症！絕不是我聰明的、美好的兒子！這個人做的是什麼建議啊，我的兒子有嚴重的問題？

　　施測當天，我比我所想像的還更緊張，我告訴語言治療師我認為安德魯累了，他不會表現得很好，連續三個小時會累壞他，而且我對於測驗只是要標記或診斷他感到不舒服——就像那樣的測驗。她向我保證那只會提供我們訊息，看安德魯是否符合自閉症族群，以及顯示他在哪些領域有或沒有問題。

他們就在所有的測驗完成後一個多小時，在總結會議中告知我們結果，安德魯沒有自閉症。我吐出一口解脫的氣，然而，他的確有某種稱做觸覺防衛與動作障礙（輕微的動作計畫問題）的問題。我知道他在粗大動作技能上落後將近兩年，在日常生活技能上落後約兩年半。我從解脫到害怕，再到罪惡感，經過所有哄騙他穿上鞋子，和因為他不自己穿脫衣物而隔離他的那些早晨後，我了解到他是沒有動作計畫的能力去做這些事。天啊，身為一個母親，我覺得自己很壞而且難過——我迫使他試著自己穿脫衣物；我也理解到由於他的觸覺防衛，他不喜歡骯髒的東西，像是顏料、摸起來黏黏的東西，甚至吃某些黏性的東西。我們回到家時都累壞了。

下一步是試著找出對他適切的幫助，我對測驗單位感到失望，因為他們不能提供我任何的治療或處遇，他們告訴我，他們只是施測單位，所以我試著打電話給我們電話簿上的兒童職能治療師。我找到一位專門治療兒童的職能治療師，但因為保險的關係，我們必須轉到另一個單位。我們很幸運，這個區域有兒童醫院，並且從他們開始進行治療。我們一直和那裡的治療師相處愉快，而且已經去了一年多，她建議我們重新對安德魯施測他的粗大動作技能，所以我們找了物理治療師幫他，經過一個夏天的努力，他在一些像是攀爬立體方格鐵架、跑和跳達到「適齡」的標準。

安德魯五歲了並準備好開始念幼稚園大班，但因為他的「問題」，我們決定讓他在教會幼稚園上大班準備班。老師棒得令人

驚奇，並且很努力教導安德魯，她和我們一起針對我們的擔憂努力，他在班上和其他八個男孩及一位合格教師一起上課，安德魯仍舊不太和其他孩子玩，而且當亮光閃過他的眼前，他常常尖叫。他很少參與功課，雖然他很容易就讀會老師手上所有的書。下課時間，他寧願花所有的時間在瞭望堡中沈迷於自己的思考，老師很清楚地知道他是聰明的，她只是不知道要怎麼教他。

　　十月份我們參與他第一次親師會議，老師說她一直擔心關於他要如何和班級互動的事，她說他似乎對於自己在遊戲場玩，或者在教室沈迷於自己的思考當中感到很開心，她已經知道我們曾經做過的測驗和治療，而且她願意協助我們建議的任何事情。我決定打通電話並看看他是否能夠給另一位鎮上的小兒發展專科醫師評估，但是一等就超過五個月，所以在這期間我們拜訪另一位行為心理學家，他再次和我們一起做暫時隔離策略。他們教導安德魯並說他十分聰明，我們應該試著給他多些正向讚美，他們也建議我們邀請其他孩子過來，一次一位，在遊戲時間進行觀察。我們在安德魯適當地遊戲時稱讚他，當他不好好和另一位孩子互動時隔離他，這樣做很具挑戰性，因為安德魯只持續約十分鐘，然後剩下的時間讓爸爸或我去和另一位孩子互動。我們此時甚至打算對安德魯的過動用藥，但決定等一等。

　　我們和小兒發展專科醫師約診的時間終於到了，她令人感到非常愉快而且低調，她從我丈夫和我這兒徹底檢視了過去所發生的事，然後和安德魯互動了一會兒；在會面結束前，她說她不甚

確定，但她覺得安德魯有亞斯伯格症，事實上，要等到臨床心理師完成施測後才能確定。

這是我們前所未聞的東西，我知道亞斯伯格症的某些行為有其生理上的成因而感到十分寬心，同時，也有很深的哀傷——我已經失去了我完美的小兒子。我想要讀所有的東西，而醫師說直到診斷確定前，她只要我讀一篇文章。記得我將它帶回家，從第一頁讀到最後一頁，然後說：「天啊！這就是安德魯。」他沒有部分亞斯伯格症孩子有的一些特質，像是記得日期、事實或時間表，但他總是喜歡美國地圖，並能夠列出大部分的州；他絕對有眼神接觸的問題，且對於社交情境有困難，這些都是他特有的標記；他認識很多的字，有一些觸覺防衛，這些有時會出現在亞斯伯格症者身上。

我們在一星期內就見到臨床心理師，他花了幾個小時的時間和安德魯與我做一些紙筆測驗，以及一些遊戲治療。她看了他的歷史並要求我隔天和丈夫一起回來，將安德魯留在家中。隔天早晨我們到她的辦公室，她確認我們的兒子有亞斯伯格症；現在，淚水開始湧出，我記得她告訴我們必須「改變對安德魯的期待」，但是，那是什麼意思？我於是開始想像我美麗的兒子和我們住在一起到他五十幾歲，永遠找不到工作，永遠結不了婚——都是因為這個病症，還有他無法理解社會性規範，和無法好好地參與我們非常社會性的世界。

醫師允許我在同一時間悲傷、憤怒和挫敗，她的態度非常支

持，並建議幾篇文章，她也留給我們時段，在有需要時支持我們。到今天為止，我每六到八週見她一次，討論如何處理安德魯行為的點子、在學校發生的問題，以及如何適應我們特殊需求孩子的方法。

　　超過一年的時間，安德魯一個月至少會見職能治療師三次，做動作計畫與觸覺防衛的治療，她要他用刮鬍液作畫（他痛恨的），以及要他建立障礙物路線並告訴她要如何穿越它們（他喜愛的）。她真的和他互動良好，而且我很高興地宣布就在這個月，她覺得在大部分的技巧上，他已經達到年齡水準；例如，使用剪刀、用筆寫字，我們繼續在家中用觸覺相關的東西教他，而他已有穩定的進步。

　　我們必須要抉擇，安德魯要去上公立學校，或他去之前已經上過的幼稚園教會學校。在和兩個學校討論過後，我們感覺到，若我們選擇地區公立學校，他將享受到較多的服務，並有較多機會讓他的特殊需求得到滿足。我們在開學前幾個星期和學區行政人員碰面，希望安德魯可以接受所有的智力、性向等測驗，他做了這些測驗，而且表現良好，學區施測人員對他優秀的閱讀及理解技能感到印象深刻，但也發現到他注意力缺陷的問題可能對老師產生挑戰。很幸運地，學區中至少有另外一位診斷為亞斯伯格症孩子，所以，至少行政管理單位了解我們在對抗些什麼。

　　我與即將教導安德魯的老師會面，我們選擇了新的全天班幼稚園大班，以減緩他對轉銜的需求，他也可接續先前的教育。我

們必須教導學校人員關於亞斯伯格症，而他們一直都和他及身為父母的我們相處得很好，學校要他接受校內職能治療師的施測，但如預期的，他不符合接受治療的標準。然而，他的確有資格接受語言治療師的服務，進入班上教導他和其他兒童的會話技巧，她甚至帶遊戲器材到班上，讓他教另一個孩子玩。

安德魯也在學校開學前開始上私人語言治療課程，我找到一位擅長語用及社會性口語的語言治療師，她每個星期上一次課，他喜歡她和他玩的遊戲。他們也進行實用性的活動，像是在麥當勞點一杯汽水。

另一件我發現到十分有幫助的事情，是和其他有亞斯伯格症孩子的家長談話，當我們接到診斷，我請求我們的小兒發展專科醫師幫我連結另一位最近才經歷診斷和治療經驗的母親。她找到我們社區中一位非常正向的女人，她在我們見面前六個月才接到她十歲兒子亞斯伯格症的診斷。她的想法、分享和支持鼓舞了我們。另外，我們的社區恰好剛開始一個亞斯伯格症兒童家長的支持團體，我們每個月見一次面，分享觀點與挫折感，並笑談其他父母聽了可能會很害怕的事情。明白你孩子小小的怪異並不是那麼不尋常，其他的父母也有同樣的經歷，一種充滿力量的美好感覺油然而升。

我已經學到一件事，那就是你必須悲傷你失去了完美的孩子。身為父母，我們對孩子都有期待，我總是假設我們的兒子會是一個工程師或科學家，我希望他能娶到一位好女孩，然後有一個家

庭，我不知道這些事情是否到來，我盼望它們都會實現。現在，只要我們有個平靜的一天我就感恩了。他若將牛奶吐到衣服上或弄髒一點東西，就很容易生氣，他不能自己綁鞋帶（感謝老天有魔鬼粘），他仍然對拉鍊，以及扣上衣服的釦子感到挫敗，他正在學習將奶油塗在自己的鬆餅上，與切自己盤中的肉，讓他做任何的美勞或寫字一直是個掙扎，安德魯在用餐時間仍然無法好好地坐定（但再一次，大部分的孩子不也是這樣嗎？）。

安德魯很少被邀請到任何人的家，而當他去了，我又擔心他的行為或反應，他無法好好分享玩具，也不了解大部分六歲孩子賴以維生的社會性技巧，他不了解取笑，所以是幾個惡作劇同學的犧牲者。見到自己的孩子是開玩笑的對象，傷透了母親的心，但你要處理它。安德魯並不十分了解幽默，所以我們一起看電視上播的「美國最好笑的家庭錄影帶」，然後討論事情為什麼好笑，我們也選了幾本敲敲門笑話的書，以提供他一些東西與其他人分享（而他的老師們很能對他的笑話大笑）。他在新環境有適應的困難，所以當我們繼續往前邁進時，努力向他解釋所有的事情。他無法將社會性規則從一個情境轉換到另一個情境；例如，「在學校不可以踢人」對他來說無法轉化成「我們不在遊戲場踢人」，我們必須在每一個新環境提醒他如何展現好行為。

父母用不同的方法處理特殊需求孩子的診斷結果。父母兩人開始覺得罪惡感，而且懷疑像是：「是我給了孩子這個嗎？」這樣的事情。我的丈夫和我都試著回頭看我們的家族系譜，看看某

種程度它是否一代代傳下去。父親哀傷及接受它的方式不同於母親——這一定是基因造成的。我不確定，我身為一個母親，必須悲傷，必須哭泣與將它說給支持我的家庭和朋友聽；另一方面，我的丈夫選擇比較自我反省的方式，到網路上尋找最新的資訊。身在健康照護的領域中，我開始閱讀所有的研究和技術文獻。我不建議大部分的人去閱讀它們，因為它們傾向呈現出最糟的案例來。

決定你應該跟誰說以及他們需要知道多少也是一件難事。你一定不會想要對那些照顧你孩子的人保留資訊，但是要告訴鄰居或其他孩子的父母多少是很個人的事。我們的家人一直都很支持和鼓勵，現在他們知道更多有關為什麼安德魯很容易變得沮喪，或者他會那樣表現，他們更能適應而且渴望幫助他走到他能發光發亮的領域。

當我寫下這些時，安德魯正在讀幼稚園大班，學校每個月有一個三十分鐘的會議，我們和老師及行為專家會面討論對於兒子的擔憂或想法，他們說他的社會性能力愈來愈好，甚至主動開始和某些班上同學互動。他仍不舉手回答問題，也似乎不做很多學校的工作。但是他的閱讀技巧不錯，甚至多參與了美勞課。他們不認為他目前需要針對注意力缺陷問題進行介入，而這對我來說沒有問題。他們也開始讓他一天有二十分鐘的電腦時間，當做一種增進動機的獎勵。

我們持續每個星期去看語言治療師，而我繼續記錄可引發安

德魯會話的事物。我們和學校有良好的溝通，我也已經開始著手規劃一年級。

　　對有亞斯伯格症孩子的人，我建議他們保持開放的心胸和盡可能閱讀，特別是心理師與治療師給的講義資料。找到一個可以傾訴的人，像是你的手足或最好的朋友，這些人是無價的，就像是任何有同情心的傾聽者。花一些時間和你的孩子從事他或她喜歡且擅長的活動，這些他或她已經做得很好的事情給予孩子許多正向增強。在網路上、圖書館或自閉症中心搜尋最新的資源，在你居住的區域開始父母支持團體，和其他家長會面真的是一件很棒的事，你能給他們的幫助就像他們幫你的一樣多。說真的，不要試著去預測你孩子的未來，就是活在當下，每一個亞斯伯格症的孩子都是不一樣的，每一個孩子都是那麼特別與獨特。我能給父母、家庭成員、老師，或任何和這些真的有特別需求的孩子工作的人最重要的建議就是，有耐心、多愛他們，和慶祝他們小小的勝利。

丹恩*

　　我的兒子丹恩今年二十一歲，患有亞斯伯格症，我們已經走

---

* Adapted from "The Long Road"，Terri Carrington,2000,Focus on Autism and Other Developmental Disabilities, 15(4), pp.216-220. Copyright 2000 by PRO-ED, Inc. Adapted with permission.

了一段很長的路尋求診斷與治療。有時候氣餒似乎凌駕我們，但我們已經走得比我們原本希望的更遠，我們說出丹恩的故事是想要其他人也能找到希望，並決定永遠不放棄！

丹恩在兩歲半時我們收養他，他是我生活中的喜悅。當我們收養他時，我們被告知他的發展有些遲緩，也許是輕度智障，他還不能說話，學走學得慢，而且尚未接受如廁訓練。身為一個語言治療師，我認為我可以處理這些及其他的問題。他是如此的可愛而且很需要保護，他是個完美的絕配！

丹恩在法律上還不能被領養，他有一段領養前不穩定的經驗，而且已經在寄養照顧系統裡好一段時間。他尚未完全終止與父母的關係。只要他可以被領養，我們同意接受領養丹恩。法律程序走得相當順利，我們終於收養了丹恩。

丹恩一開始有健康及發展上的問題，在我們帶他回家後的隔天，他開始在舖有地毯的地上爬行，在粗糙的地毯上來回摩擦他的耳朵。他不哭也不鬧，但很快地就開始發燒，當然那是一個週末，而我們還沒有小兒科醫師，還好我們可以帶他到一個朋友的小兒科醫師那兒，結果診斷為耳朵感染。他的鼓膜已經有傷痕，而且有多重感染的現象。我們跟收養單位工作人員核對後，並沒有發現先前耳朵感染治療的證明，顯然丹恩已經找到藉由在地毯摩擦耳朵的方法安撫自己。這開始了長期耳朵感染的歷程，抗生素療程、過敏療程、耳管插入，最後是每天的抗生素預防性治療以阻絕感染。丹恩缺乏口語發展和笨拙被歸因於耳朵感染，我們

對他的發展雖然有無數的擔心，但長期的耳朵感染似乎解釋所有的擔心。

丹恩的口語及語言發展十分有趣，在他兩歲半我們收養他之前，他已經發展了一種頗為簡單易為人看懂的手勢系統。第一個字出現時，他四歲，他說：「看」（watch），然後馬上開始將它用在具各種意義的句子當中：「戴錶」（wear watch）、「看電視」（watch TV）、「看我」（watch me）。出自於好奇的，他大約在同一時間學習閱讀，他愛讀書，而且我們每天念給他聽，但並沒有想要正式教他閱讀，在丹恩進入幼稚園大班前，他已經大約可以讀任何給他的東西。口語則一直是個問題，也被診斷有動作障礙，他接受私人及學校的語言治療。

丹恩的遊戲技巧很不尋常，但由於他的遊戲看起來很棒，警告的紅旗也就沒有對我們舉起。和想像遊戲比較，他比較喜歡建構性遊戲，而相對於團體遊戲，他比較喜歡獨自玩，他特別喜歡玩的一個活動是將數個木製拼圖排成一條直線，然後依序一次放一片拼圖片在同一個地方（如：左邊轉角的拼圖片）。當他完成時，他會把拼圖片全倒出，把拼圖推到旁邊，再重新開始整個過程，我們覺得他實在太聰明了！丹恩花數小時的時間聽迪士尼的錄音帶和套書，他喜歡在桌子底下或其他一些小地方做這些事。他對電子類的物品和交通工具有全然的興趣，丹恩似乎也有絕佳的方向感，他喜歡花好幾個小時在地球儀和地圖上，也總是在聖誕節收到新的地圖集。

情緒上也有問題，雖然我們當時並沒有看見。丹恩很有感情，但完全不加區分，他會走向任何人，他和一個在商店的陌生人在一起時，跟和我們在一起一樣舒服。當他被留在教會托兒所或幼稚園時，他的確展現一些分離焦慮，我記得有一次帶他去看聖誕節遊行時，有一個流浪漢坐在路邊，丹恩向前擁抱他，就像他們是失散多年的朋友，我們完全不知所措！

學校對丹恩來說是容易的，至少在學業方面；在就讀大班前，他已經可以閱讀和使用數字。那一年我們在陣亡將士紀念日到公墓，丹恩喜歡沿著整列墓碑行走，讀出人名並數著他們死亡的年紀，我們感到很驚訝。他持續在學業上表現良好，而且在一年級時被安置在資賦優異課程。

當談論到社會性議題時，學校變成一個不同的世界。丹恩不容易交到朋友，但他似乎不為此困擾，最後是我們和他的朋友一起玩！他參加男童子軍和主日學校，是團體中的邊緣人物。我們也嘗試幾項活動，丹恩有未診斷出來的感覺統合問題和視覺問題（他的眼睛不能聚焦），所以運動的嘗試通常是個災難，他幾乎總是獲得「最佳進步運動員」獎，因為他只有進步，不可能退步的。

隨著丹恩在學校的進展，他變得愈來愈不被同學所接納，他討厭在合作性的團體工作，不喜歡下課時間出去玩，他寧願將整個下課時間花在圖書館看他的書。在家裡就好多了，他騎上他的腳踏車，然後是全地形車（譯註：可以適應各種地形的車）。我

們住在鄉下，而他似乎很享受這樣的環境。我們有一個游泳池，丹恩是個很好的游泳者，他喜歡獨自在泳池游泳，也喜歡和別人一起游。

　　大約在六年級，也就是國中時期，丹恩的情況開始迅速惡化，他開始沉迷於細菌，並發展出和該物相關的強迫性行為。當某人靠丹恩太近，他便開始吹（把細菌吹走），他想要消毒他的衣服，而且不穿別人觸碰過的內衣。他害怕洗澡，並畏縮在澡盆邊。雖然我們知道丹恩正經歷有時會在自閉症者身上看到的強迫症，但我們將這樣的行為解釋成固執，然後當它的強度增加時，解釋成偏執。

　　在丹恩即將升上七年級前，他已經很明顯地和他的同儕不同，持續沉迷於強迫性思考與行為，而且在學校表現很差。當丹恩真正地懼怕家庭時，危機隨之發生；他拿了家裡其中一把車鑰匙，開車到一個位於南方、我們常去露營和度假的州，他之所以可以開車是因為他曾經使用過我們的割草機和他的全地形車，我們也偶爾讓他在我們的田裡開我們的舊貨車。在他用完汽油時打電話回家，我們請警察將他接走，當我們過一段時間到達警察局時，我們很幸運地遇到一個有經驗的警官，他察覺到丹恩的紊亂，並知道事情的不對勁已經超越了一個年輕人偷車了，於是釋放丹恩回到我們的監護。

　　我們和小兒科醫師聯絡，他覺得丹恩應該要住院，這開啟了一段長期處理心理衛生系統的路程。就在幾年以前，自閉症不像

現在是一種廣泛性障礙，而丹恩也當然不符合對自閉症兒童的刻板印象。精神科的住院治療是冗長而可怕的。自閉症並不被認為是一個診斷。

由於父母的疏忽，丹恩的養育照顧經驗以及他目前無法解釋的行為，丹恩被認為患有反抗性依附障礙。我們對這個障礙不熟，但我們閱讀了所有可以找到的資訊，患有反抗性依附障礙的孩子無法和照顧者產生依附連結，通常是因為他們早期的需求沒有被滿足。他們無法建立依附的循環，當有需求時（例如：尿布濕了或餓了），他們藉由哭或生氣來讓需求為人得知，然後需求就會被滿足。當早期的需求沒有被滿足，建立早期基石的基礎發展，像是因果關係就不會出現。沒有密集的治療，發展便會扭曲，但這些治療常常是有爭議性的和侵入性的。這些兒童被認為沒有發展出道德觀，缺乏同情心且自我中心，他們變得善於操弄以致危險，如果沒有好好治療，展現反抗性依附障礙的孩子當長大成人時，可能被診斷為反社會性人格者或精神變態者——很難被治療的人格障礙。我們被告知丹恩的預後很差，他將變得愈來愈危險，且他需要住進機構。我們心不甘情不願地同意他在住院治療後安置在居家治療中心。

世上沒有比讓你的孩子安置在家裡以外的地方更糟了，我們不確定這樣的安置能符合他的需求，更對那兒的設施感到不安，不幸的是，這似乎是當時唯一的答案，丹恩在那過得並不好。

如同我們現在得知的，他被錯誤地診斷，而且接受不適當的

治療。他的狀況持續惡化，從機構逃離。他找到一輛有鑰匙且正在發動的小貨車，然後開到我們家來。這樣的折磨是可怕的，但除了將貨車和丹恩歸還給機構，已別無他法，由於這樣的驚嚇，機構中的人員必須更加嚴密看管丹恩，而這也是他們的職責。監控仍是不小心，丹恩又找到另一部車（其中一部機構所有的箱型車）駕駛它穿越州界，被警察追趕圍捕。神奇的是，他竟沒有受傷。後來警官告訴我，他們原本預期會有一個可惡的青少年罪犯從車子裡跑出來，當一個帶著難以理解的言語，以及搞不清楚發生了什麼事的圓胖小子走出車外時，他們嚇了一跳。丹恩被拘留了一個晚上，我們再次請求警官讓我們將丹恩帶回我們的州，機構工作人員和我將丹恩帶回來，並將他帶到青少年拘留室。這是第一次發生我所謂的系統踢皮球事件，當一個孩子的行為無法解釋，或處理的難度增加了，他或她通常就會被從一個系統或機構踢到另一個系統或機構去，似乎沒有一個問題解決的架構，如果一個孩子不適合，他或她就只會被送到另一處。幸運的是，我們能夠說服青少年管理單位重新讓丹恩住院，在那段住院期間，我主動尋找一個可以符合丹恩需求的地方。

　　反抗性依附障礙的診斷仍在，我找到一個位於其他州的機構，宣稱對這個障礙很專長，這個時候，我們已經用光了保險政策所能提供的心智健康保障經費。不過因為丹恩是被收養的，我們得以獲得收養補助金，它是可以協商的，而且可以用在不同的方法以符合孩子的需求，補助金提供我們可以在新的機構住六個月。

雖然新的機構看起來比第一個好，但他的治療似乎不足以應付反抗性依附障礙的診斷，他沒有獲得文獻上所描述對反抗性依附障礙的密集治療，而且應該要和機構合作的國家顧問也從來沒有看過丹恩。但是看過丹恩的精神科醫師打開了「器質」（organic）致病原因的一扇門。不幸的是，這並未被繼續追蹤，他們的建議，丹恩的預後仍然是不佳；而且他可能要面對終身住在機構的命運，如果沒有被關在監獄的話。就在這個時候，丹恩的父親和我離婚，留下我一個人獨自支撐丹恩，我把他帶回家，註冊進入學校就讀。

在學校裡，丹恩被安置在行為障礙班級，而再一次的，仍然無法滿足他的需求。這個安置並沒有持續很久，而丹恩找到進入另一個精神科住院的方法。我無法詳述每一次住院及安置，丹恩最終總共經歷十九次住院和三次住宿式安置，龐大的經費需求來自收養補助，也對我造成財務上的負擔。這些安置場所的醫師及工作人員們持續給予錯誤診斷及不適當的治療。

亞斯伯格症的診斷是一段漫長的旅程。身為一個語言療師的本能，以及大家對丹恩的評論，似乎在說：「看向自閉症吧。」一位專長於自閉症的朋友評估過丹恩以後，覺得他符合我們州自閉症教育鑑定標準，不幸的是，她的話並不被心理衛生單位嚴肅以待。當時在我們住的地方，發展障礙專業人員和機構並不願和心理衛生單位合作，反之亦然。同時有心理健康與發展問題的孩子處於無人管理的地帶，合作與分享資源這樣的事情並不存在。事實上對我來說，底線好像和資金以及想要「另一個地方」付費

有關。很幸運的是，我們可以使用扶養補助金，補助金的來源是可以協商的，而且並非用於一個計畫或診斷。它的作用是幫助我們跨越機構與診斷的界線。透過網路工作，我聽聞一位隔壁州同時專精於發展性障礙與精神醫學的精神科醫師，我們從他那兒獲得評估（花我自己的錢，但很值得），得到的結論是丹恩不只符合自閉症的教育鑑定資格，也達到《美國心理疾病協診斷與統計手冊第四版》（DSM-IV）中亞斯伯格症的標準，其他我們曾諮詢的心理衛生從業人員在這個時候看著丹恩，並辯解類似「他對我來說看起來不像自閉症」這樣的話。自閉症族群的障礙知識正在擴增，但許多臨床專業人員卻還繼續停留在自閉症「看起來像什麼」的狹隘觀點當中。

額外的精神醫學報告，再加上教育鑑定報告，支持我們轉而救助智能障礙與發展障礙中心，在那兒丹恩成為個案。此一地區中心替他的服務付費，我們因而獲得一個稱為通路支持的公司所提供的社區整合、獨立生活的支持和心理諮商服務。事實上，通路支持公司長期以來已經斷斷續續提供丹恩服務，而且是少數持續支持及開放我們去尋求適當診斷與服務的專業人員之一。通路支持公司中的人員採用正向行為支持的哲學。此位心理學家是本州受過正向行為支持訓練的初始團體成員。

正向行為支持的其中一個原則就是針對個別化需求，而非將服務限制在那些特定診斷所建議的，或某個機構所準備好要提供的。一旦需求被確認，個別化的計畫便設計來符合那些需要。這

對丹恩和我們的家庭是個突破性的進展，我們終於能夠進入那些似乎是對他有效的策略。以往，我們一直卡在任何在他的診斷上可得的服務，不論合不合用。另外一個正向行為支持的原則，對丹恩的最後成功也很重要。方案從最開始的設計就是動態的，而且當丹恩的需要改變時就改變。他們對於危機處理的計畫具有前瞻性，如果在某段時間需要更多密集的介入時，便會將他帶回原來的服務。其他由診斷而導致的安置服務，因為需求激增而被終止，「丹恩再也不適合我們的計畫」是丹恩從一安置場所轉到另一安置場所間的藉口；對於丹恩有循環性增加與減少的需求沒有完整的服務計畫，每一次的改變都認為是丹恩造成失敗的。事實上，是該系統未能符合丹恩的需求。正向行為支持的哲學將孩子的需要放在第一位，介入服務是達到這些需要的工具，成功並不是由兒童是否有能力達成已建立方案的要求來評量，而是由是否能完成孩子個別化的長短期目標來評量。

因為丹恩的年紀輕，也因為我並不希望他住在任何除了跟我住以外的地方，我們決定在家中提供一個獨立生活支持的安排。這似乎是可行的，雖使它很密集，但顯然比機構化的選擇要好。這條路證明是一條崎嶇的路，我們一開始就有二十四小時的工作人員陪伴。緊接下來，對工作人員的需求不定，從不需要工作人員出現的時候，到需要兩倍工作人員的時候都有。在這段時間，我的女兒也住在家中，她正處於中小學的後期。回想起來，對她而言，那真是一段艱困的時期，雖然她的確和幾位工作人員發展

出長期的友誼。當一個家庭中有超過一位孩子，即便在最好的情況下，在符合每一個孩子的需求上，這是一場永無止盡的行動。當其中一個孩子似乎有遠遠超過另一個孩子的需求時，生活於是變得具挑戰性。當我做出關於我兩個孩子的「蘇菲的決定」時，她受害了。有一件事縈繞在心頭，而我曾經在收養的文獻上看過這樣的資料。當我必須對一個非常具挑戰性的孩子做出生活上的選擇，而又要考慮到另一個「正常」兒童的安排時，安全考量是至高無上的。我的女兒有時候在她自己的房間中並不安全。如果可能的話，這也許是決定提供遠離家庭服務選擇的時候。有些時間，丹恩的情況相當惡化，而我們必須做出其他的安排——特別是精神科住院。這些時間總是艱難的，但通路支持公司工作人員支持我們。而丹恩在狀況有所進步時，也能夠回到獨立生活支持的情境。

終於來到家中的支持似乎不再適當的時間點，這就是當丹恩搬到一棟公寓的時候。他最近剛從漫長的精神科住院中出來，而獨立生活支持的情境不再。雖然很難放手，但結果證明了這是一個正確的選擇。丹恩的進步顯著，但持續為偶爾發生的危機破壞。最後他做了嚴重的自殺企圖，造成他腿骨骨折。在手術修復腿骨後，丹恩回到家中與我及妹妹同住。在這段恢復期，他再一次惡化，而再一次必須離家，這個危機十分嚴重，且清楚地在丹恩的生活安排與我們的家庭當中畫出一條界線，這似乎對丹恩是一個轉折點，他從此多多少少在支持的生活下成功。我們繼續接受通

路支持公司的服務，但工作人員已經減少到最低程度，目標目前鎖定在受雇以及社區整合。

學校一直是個困難的議題，在丹恩就讀小學時期，他的學業表現超前，而似乎不在意絕大部分的社會性要求。但到了國高中時期，丹恩的缺乏社會性技巧，和他持續的口語障礙變得更加明顯。丹恩掙扎著，要他上學變成每天的戰場，最後他拒絕上學，強迫他上學只會讓他的行為惡化。學校提供在家教育，而其中一位老師還在學校裡提供丹恩一些放學後的教學；學校提供少量的在家教學，因為經費只夠償付一星期數小時的時間。最後變成在家教育，並替丹恩準備考試以獲得同等學歷證書。他不是一個絕佳的在家教育學生，但他考了試而且成績很好，他在本應就讀的高三上學期完成他的同等學歷證書。經歷過那些掙扎以後，我們不想馬上尋求高中畢業以後的教育機會（整體來說，我們在教育與支持有特殊需求的小學生方面做得不錯。不幸的是當學生進入中學後，問題發生了，因為下列各種理由：學業要求增加了、時間表改變了、課程重點多在內容而非學生身上、缺乏安全環境或安全保壘，以及缺乏同儕團體等都造成成功機會的減少）。

亞斯伯格症學生經常極度渴望與他人互動，但缺乏技巧與社會性覺知來達成。有些學生對自己缺乏社會性本領感到十分挫折，於是產生嚴重憂鬱，這必然是促成丹恩持續性心理健康問題的原因，就像許多其他有類似功能的學生一樣。另外，細微的語言問題與持續性感官問題的混合，使得這些學生在學校無法表現良好。

　　經常，他們在特定科目上的特殊興趣，使他人以為他們在學業表現上十分聰穎，所以期待也就落空。有時候，替代性的教育選擇，像是在家教育、就讀小型私立學校，或增加特殊教育支持很有幫助。而對這些學生最重要的方向，是對教師以及與學生互動者的訓練；如此一來，自閉症相關的需求便能確認且受到支持。最後，丹恩試了兩所社區大學的課程，但覺得無法完成，但我仍對教師和支援人員們幫助丹恩的意願感到印象深刻，我希望我們可以再試一次。

　　工作並不像完成學業那樣具挑戰性，丹恩已經在通路支持公司做兼職的文書工作好幾年，這工作並非正式的支持性就業，但通路支持公司友善的環境是造成丹恩在那兒成功的原因。亞斯伯格症被人理解，而丹恩與眾不同的行為也被容忍，其他的工作人員甚至欣賞他的獨特，這樣的經驗幫助他與人工作的自信，也給他能找到競爭性工作的一絲希望。目前我們和職業輔導人員一起合作幫助丹恩找到一份全職且具競爭力的工作。

　　診斷和適切的服務是一條漫長的路。當我一想起這段旅程，最好把它分成哪些是有效、哪些是無效的。我們必須超越那些表面的東西。丹恩長期的耳炎（耳朵感染）和早期發展的不順是他不尋常行為表面的解釋。如果他的行為用一種系統化的方式評量，而不是對病因有先入為主的看法，我們也許可以看得更遠。自閉症的危險信號是發展階段與速率的失序（某些領域發展得很好，其他領域卻落後了），他的口語－語言困難（動作障礙、精緻的

手勢系統但沒有功能性的口語、較晚的口語發展且發展的路徑異於常人）、不教而能的早期閱讀、多種感官的問題、狹隘的興趣、缺乏熟練的社會性技巧、不尋常的遊戲、較多建構性而較少想像性遊戲，以及在標準化測驗當中評量出來的高智商。

許多我們諮詢的診斷者不熟悉自閉症，他們依賴其印象而不考量診斷手冊上描繪的特徵；此外，許多臨床醫師未將自閉症看成是一個系列性的族群障礙，未能察覺像我兒子一樣的高功能個體。

少有人認同自閉症與心理健康障礙的雙重診斷。而我現在的經驗是很多孩子擁有多重的診斷，而亞斯伯格症兒童是心理健康問題的高危險群，例如憂鬱和強迫症。

臨床工作者並不願意超越他們自己專長的領域或是他們工作環境的束縛，心理衛生單位並沒有和發展障礙及智能障礙機構合作，這裡存在一種非此即彼的哲學，診斷不論適當與否，都是由經費主導處遇。在預設的方案裡個別化的需求敬陪末座。

我們真的認為丹恩的行為一直以來沒有被完全了解。來自醫師的暗示表示有些器質上的原因，還有他對所提供治療的拒絕，都顯示我們疏忽了某些東西，追加在 DSM-IV 的亞斯伯格症和我額外獲得的評估，提供了我們對關於自閉症想法的可信度。

不針對特定方案或機構的收養補助金是為丹恩發展出支持系統的關鍵，通路支持公司對正向行為支持哲學的堅持，以及智能障礙與發展障礙地區中心是發展出適當服務與減少方案與方案之

間踢皮球的核心要素。當傳統學校就學不適切時，要考量替代性教育方案的選擇。

如同前述，丹恩終於在一個支持的環境下工作，這使得他在找尋競爭性工作時發展出自信與感到自在，幾位專業人員的支持，包括丹恩收養單位的社工，和持續參與度過無數危機的通路支持公司的精神科醫師，都是整體方案能持續的關鍵。

最近，丹恩在美國自閉症協會（Autism Society of America）的年度大會中發表演說，他成功地描繪他走過的漫長旅途，我想他給了亞斯伯格症者最終成功的希望，我從丹恩的身上學到很多，就像那些選擇支持他的專業人員，身為丹恩的母親真的很值得！

傑森

傑森是一個診斷為亞斯伯格症的青少年，他在這兒分享他所寫的、原始未經修訂的抒情詩歌，抒發關於他和亞斯伯格症此一巨大挑戰共處的經驗與挫折。傑森也提供他自己未來的觀點。我們以這篇針對亞斯伯格症的個人抒發作為本書的結束，因為它是如此深深地捕捉住亞斯伯格症者的情緒與其他的重要挑戰；同時，它反映了亞斯伯格症兒童與家庭常見的樂觀信念。我們堅信，在合格與熱心投入的專業人員，以及有知識與果敢的家長和家庭的協助下，亞斯伯格症者將能實現他們的重要潛能，並過著有生產力的生活，不論是學生或成人。

命運*

雙腳被鍊，雙手被銬，
生活翻轉，如同浪潮。
憤怒的我，拳是枷鎖，
無辜的我，牢中被鎖。
牢中景象，令心難寬，
人人頭向，藍天那端，
邪靈握鎖，重重把關，
狠狠鍊我，把我內關。
纏住了我，令我難堪，
邪靈纏我，皮膚那端，
可憐的我，脾氣難安。

我不會讓他，毀我生活，
我會扶養孩子，娶個老婆。
我會是個人物，也許是領袖人物，
我的決心，如同不移的重物，
我的成功，將如同探囊取物。
他用鄒鐺鎖鏈，將我靈魂重重來鍊，
我的決心拼命呈現，如同發光火焰。

我要退後一步，向前打破牢戶，

我要搖動柵木，表達我的憤怒。

我會從腳鐐中，再度站起，

我會在虐牢中，狂叫不息，

我會揮拳如風，到處拳擊，

沒有作戰至終，絕不舉旗。

痛苦的歷史已去，明日的生活將續，

希望你聽得進去，我所說句句。

痛苦的過去，盡量忘記，

未來的生活，才會有趣。

---

* 經過作者同意重新印刷本詩。

參考文獻

American Psychiatric Association. (1994). *Diagnostic and statistical manual of mental disorders* (4th ed.). Washington, DC: Author.

American Psychiatric Association. (2000). *Diagnostic and statistical manual of mental disorders* (4th ed., text revision). Washington, DC: Author.

Americans with Disabilities Act of 1990, 42 U.S.C. § 12101 *et seq.*

Arwood, E. L. (1991). *Semantic and pragmatic language disorders* (2nd ed.). Denver, CO: Aspen.

Asperger, H. (1944). Die 'Autistischen Psychopathen' im Kindesalter. ["Autistic Psychopathy" in Childhood]. *Archiv fur Psychiatrie und Nervenkrankheiten, 117*, 76–136.

Attwood, T. (1998). *Asperger's Syndrome: A guide for parents and professionals.* London: Jessica Kingsley.

Autism Society of America. (1995). Definition of autism. *Advocate, 27*(6), 3.

Ayres, A. J. (1989). *Sensory Integration and Praxis Test.* Los Angeles: Western Psychological Services.

Barnhill, G. P. (2001). Social attribution and depression in adolescents with Asperger Syndrome. *Focus on Autism and Other Developmental Disabilities, 16*, 46–53.

Barnhill, G., Hagiwara, T., Myles, B. S., & Simpson, R. L. (2000). Asperger Syndrome: A study of the cognitive profiles of 37 children and adolescents. *Focus on Autism and Other Developmental Disabilities, 15*, 146–153.

Barnhill, G. P., Hagiwara, T., Myles, B. S., Simpson, R. L., Brick, M., & Griswold, D. (2000). Parent, teacher and self report of problems and adaptive behaviors in children and adolescents with Asperger Syndrome. *Diagnostique, 25*, 147–167.

Baron-Cohen, S., Leslie, A., & Frith, U. (1985). Does the autistic child have a theory of mind? *Cognition, 25*, 37–46.

Baron-Cohen, S., O'Riordan, M., Stone, V., Jones, R., & Plaisted, K. (1999). Recognition of faux pas by normally developing children and children with Asperger Syndrome or high-functioning autism. *Journal of Autism and Developmental Disorders, 29*, 407–418.

Bieber, J. (Producer). (1994). *Learning disabilities and social skills with Richard LaVoie: Last one picked . . . first one picked on* [videotape]. Available from Public Broadcasting Service Video, 1320 Braddock Place, Alexandria, VA 22314.

Brigance, A. H. (1980). *Brigance Diagnostic Inventory of Essential Skills.* North Billerica, MA: Curriculum Associates.

Bruner, J. S. (1966). *Toward a theory of instruction.* Cambridge, MA: Harvard University Press.

Carlson, J. K., Hagiwara, T., & Quinn, C. (1998). Assessment of students with autism. In R. L. Simpson & B. S. Myles (Eds.), *Educating children and youth with autism: Strategies for effective practice* (pp. 25–54). Austin, TX: PRO-ED.

Carpenter, L. B. (2001). The Travel Card. In B. S. Myles & D. Adreon (Eds.), *Asperger Syndrome and adolescence: Practical solutions for school success* (pp. 92–96). Shawnee Mission, KS: Autism Asperger Publishing Company.

Carrington, T. (2000). The long road. *Focus on Autism and Other Developmental Disabilities, 15*(4), 216–220.

Cesaroni, L., & Garber, M. (1991). Exploring the experience of autism through firsthand accounts. *Journal of Autism and Developmental Disorders, 21,* 303–313.

Church, C., Alisanski, S., & Amanullah, S. (2000). The social, behavioral, and academic experiences of children with Asperger Syndrome. *Focus on Autism and Other Developmental Disabilities, 15,* 12–20.

Conroy, M., & Fox, J. J. (1994). Setting events and challenging behaviors in the classroom: Incorporating contextual factors into effective intervention plans. *Preventing School Failure, 38,* 29–34.

Dolch, E. W. (1955). *Methods in reading.* Champaign, IL: Garrard Press.

Downing, J. A. (1990). Contingency contracts: A step-by-step format. *Intervention in School and Clinic, 26*, 111–113.

Duffy, M. L., Jones, J., & Thomas, S. W. (1999). Using portfolios to foster independent thinking. *Intervention in School and Clinic, 35,* 34–37.

Duke, M. P., Nowicki, S., & Martin, E. A. (1996). *Teaching your child the language of social success.* Atlanta, GA: Peachtree Publishers.

Dunn, W. (1999). *The Sensory Profile: A contextual measure of children's responses to sensory experiences in daily life.* San Antonio, TX: Psychological Corp.

Dunn, W., Myles, B. S., & Orr, S. (2002). Sensory processing issues associated with Asperger Syndrome: A preliminary investigation. *American Journal of Occupational Therapy, 56*(1), 97–102.

Durand, V. M., & Crimmins, D. (1992*). Motivation Assessment Scale.* Topeka, KS: Monaco & Associates.

Durrell, D. D., & Catterson, J. H. (1981). *Durrell Analysis of Reading Difficulty* (3rd ed.). San Antonio, TX: Psychological Corp.

Ehlers, S., & Gillberg, C. (1993). The epidemiology of Asperger Syndrome: A total population study. *Journal of Child Psychology and Psychiatry, 34*(8), 1237–1350.

Ehlers, S., Nyden, A., Gillberg, B., Sandburg, A., Dehlgren, S., Hjelmquist, E., & Oden, A. (1997). Asperger Syndrome, autism and attention deficit disorders: A comparative study of cognitive profiles of 120 children. *Journal of Child Psychology and Psychiatry and Allied Disciplines, 38,* 207–217.

Frith, U. (Ed.). (1991). *Autism and Asperger Syndrome.* Cambridge, UK: Cambridge University Press.

Fry, E. B. (1980). The new instant word list. *The Reading Teacher, 34,* 284–289.

Gable, R., Hendrickson, J. M., & Sealander, K. (1997). Eco-behavioral assessment to identify classroom correlates of students' learning and behavior problems. *Beyond Behavior, 8*(2), 25–27.

Gagnon, E. (2001). *The power card: Using special interests to motivate children and youth with Asperger Syndrome and autism.* Shawnee Mission, KS: Autism Asperger Publishing Company.

Ghaziuddin, M., Weidmer-Mikhail, E., & Ghaziuddin, N. (1998). Comorbidity of Asperger Syndrome: A preliminary report. *Journal of Intellectual Disability Research, 42*(4), 279–283.

Gillberg, C. (1989). Asperger Syndrome in 23 Swedish children. *Developmental Medicine and Child Neurology, 31,* 520–531.

Gillberg, C. L. (1992). Autism and autistic-like conditions: Subclasses among disorders of empathy. *Journal of Child Psychology and Psychiatry and Allied Disciplines, 33,* 813–842.

Gillberg, I. C., & Gillberg, C. L. (1989). Asperger Syndrome—Some epidemiological considerations: A research note. *Journal of Child Psychology and Psychiatry and Allied Disciplines, 30,* 631–638.

Gilliam, J. E. (2001). *Gilliam Asperger Disorder Scale.* Austin, TX: PRO-ED.

Goldstein, A. P., & McGinnis, E. (1997). *Skillstreaming the adolescent: New strategies and perspectives for teaching prosocial skills.* Champaign, IL: Research Press.

Grandin, T. (1995). *Thinking in pictures and other reports from my life with autism.* New York: Vintage.

Gray, C. (1994, October). *Making sense out of the world: Social stories, comic strip conversations, and related instructional techniques.* Paper presented at the Midwest Educational Leadership Conference on Autism, Kansas City, MO.

Gray, C. (1995). *Social stories unlimited: Social stories and comic strip conversations.* Jenison, MI: Jenison Public Schools.

Gray, C., & Garand, J. D. (1993). Social stories: Improving responses of students with autism with accurate social information. *Focus on Autistic Behavior, 8,* 1–10.

Griswold, D., Barnhill, G. P., Myles, B. S., Hagiwara, T., & Simpson, R. L. (2002). Asperger Syndrome and academic achievement. *Focus on Autism and Other Developmental Disabilities, 17*(2), 94–102.

Guber, P., Peters, J. (Producers), & Levinson, B. (Director). (1988). *Rain Man* [Motion picture]. (Available from MGM/UA Home Video, 2500 Broadway, Santa Monica, CA 90404-3061)

Guerin, G. R., & Maier, A. S. (1983). *Informal assessment in education.* Palo Alto, CA: Mayfield.

Hagiwara, T., & Myles, B. (1999). A multimedia social story intervention: Teaching skills to children with autism. *Focus on Autism and Other Developmental Disabilities, 14,* 82–95.

Harn, W. E., Bradshaw, M. L., & Ogletree, B. T. (1999). The speech–language pathologist in the schools: Changing roles. *Intervention in the School and Clinic, 34,* 163–169.

Hendrick-Keefe, C. (1995, Winter). Portfolios: Mirrors of learning. *Teaching Exceptional Children, 27,* 66–67.

Howlin, P., Baron-Cohen, S., & Hadwin, J. (1999). *Teaching children with autism to mind-read: A practical guide.* New York: Wiley.

Hudson, F. G., Colson, S. E., & Braxdale, C. T. (1984). Instructional planning for dysfunctional learners: Levels of presentation. *Focus on Exceptional Children, 17*(3), 1–12.

Hudson, F. G., Colson, S. E., & Welch, D. L. H. (1989). *Hudson Education Skills Inventory.* Austin, TX: PRO-ED.

Johnson, B. A. (1996). *Language disorders in children: An introductory clinical perspective.* Boston: Delmar.

Joliffe, T., & Baron-Cohen, S. (1999). The strange stories test: A replication with high-functioning adults with autism or Asperger Syndrome. *Journal of Autism and Developmental Disorders, 29,* 395–406.

Jones, V. F., & Jones, L. S. (1995). *Comprehensive classroom management: Creating positive learning environments for all students* (4th ed.). Boston: Allyn & Bacon.

Kadesjo, B., Gillberg, C., & Hagberg, B. (1999). Autism and Asperger Syndrome in seven-year-old children: A total population study. *Journal of Autism and Developmental Disorders, 29,* 327–332.

Kamps, D. M., Leonard, B. R., Dugan, E. P., Boland, B., & Greenwood, C. R. (1991). The use of ecobehavioral assessment to identify naturally occurring effective procedures in classrooms serving students with autism and other developmental disabilities. *Journal of Behavioral Education, 1,* 367–397.

Kanner, L. (1943). Autistic disturbances of affective content. *The Nervous Child, 2,* 217–250.

Kaplan, J. S., & Carter, J. (1995). *Beyond behavior modification: A cognitive–behavioral approach to behavior management in the school* (3rd ed.). Austin, TX: PRO-ED.

Klin, A., Sparrow, S. S., Marans, W. D., Carter, A., & Volkmar, F. R. (2000). Assessment issues in children and adolescents with Asperger Syndrome. In A. Klin, F. R. Volkmar, & S. S. Sparrow (Eds.), *Asperger Syndrome* (pp. 309–339). New York: Guilford Press.

Klin, A., Volkmar, F.R., & Sparrow, S. (2000). *Asperger Syndrome.* New York: Guilford Press.

Kuttler, S., Myles, B. S., & Carlson, J. K. (1998). The use of social stories to reduce precursors to tantrum behavior in a student with autism. *Focus on Autism and Other Developmental Disabilities, 13,* 176–182.

Lewis, T. J., Scott, T. M., & Sugai, G. (1994). The problem behavior questionnaire: A teacher-based instrument to develop functional hypotheses of problem behavior in general education settings. *Diagnostique, 19,* 103–115.

Lincoln, A., Courchesne, E., Kilman, B., Elmasian, R., & Allen, M. (1988). A study of intellectual ability in high-functioning people with autism. *Journal of Autism and Developmental Disorders, 18,* 505–524.

Lord, C., & Venter, A. (1992). Outcome and follow-up studies of high-functioning autistic individuals. In E. Schopler & G. B. Mesibov (Eds.), *High-functioning individuals with autism* (pp. 187–199). New York: Plenum Press.

MacLeod, A. (1999). The Birmingham community support scene for adults with Asperger Syndrome. *Autism, 3,* 177–192.

Manjiviona, J., & Prior, M. (1995). Comparison of Asperger Syndrome and high-functioning autistic children on a test of motor impairment. *Journal of Autism and Developmental Disorders, 25,* 23–39.

Mawhood, L., & Howlin, P. (1999). The outcome of a supported employment scheme for high-functioning adults with autism or Asperger Syndrome. *Autism, 3,* 229–254.

McIntosh, D. N., Miller, L. J., Shyu, V., & Dunn, W. (1999). *Short Sensory Profile.* San Antonio, TX: Psychological Corp.

McLaughlin-Cheng, E. (1998). Asperger Syndrome and autism: A literature review and meta-analysis. *Focus on Autism and Other Developmental Disabilities, 13,* 234–245.

Mercer, C. D. (1996). *Students with learning disabilities* (6th ed.). Columbus, OH: Prentice Hall.

Michael Thompson Productions. (2000). *Social language groups.* Naperville, IL: Author.

Moran, M. R. (1982). Language development and language disorders. In E. L. Meyen (Ed.), *Exceptional children in today's schools: An alternative resource book* (pp. 91–118). Denver, CO: Love.

Moran, M. R. (1995). *Teacher assessment for instructional planning.* Unpublished manuscript.

Myles, B. S., & Adreon, D. (2001). *Asperger Syndrome and adolescence: Practical solutions for school success.* Shawnee Mission, KS: Autism Asperger Publishing Company.

Myles, B. S., Bock, S. J., & Simpson, R. L. (2000). *Asperger Syndrome Diagnostic Test.* Austin, TX: PRO-ED.

Myles, B. S., Constant, J. A., Simpson, R. L., & Carlson, J. K. (1989). Educational assessment of students with higher-functioning autistic disorder. *Focus on Autistic Behavior, 4,* 1–13.

Myles, B. S., Cook, K. T., Miller, N. E., Rinner, L., & Robbins, L. A. (2000). *Asperger Syndrome and sensory issues: Practical solutions for making sense of the world.* Shawnee Mission, KS: Autism Asperger Publishing Company.

Myles, B. S., & Simpson, R. (2001a). Effective practices for students with Asperger Syndrome. *Focus on Exceptional Children, 34*(3), 1–14.

Myles, B. S., & Simpson, R. L. (2001b). Understanding the hidden curriculum: An essential social skill for children and youth with Asperger Syndrome. *Intervention in School and Clinic, 36*(5), 279–286.

Myles, B. S., Simpson, R. L., & Becker, J. (1995). An analysis of characteristics of students diagnosed with higher-functioning autistic disorder. *Exceptionality, 5*(1), 19–30.

Myles, B. S., & Southwick, J. (1999). *Asperger Syndrome and difficult moments: Practical solutions for tantrums, rage, and meltdowns.* Shawnee Mission, KS: Autism Asperger Publishing Company.

Norris, C., & Dattilo, J. (1999). Evaluating effects of a social story intervention on a young girl with autism. *Focus on Autism and Other Developmental Disabilities, 14,* 180–186.

Phelps-Terasaki, D., & Phelps-Gunn, T. (1992). *Test of Pragmatic Language.* Austin, TX: PRO-ED.

Piaget, J. (1959). *Judgment and reasoning in the child.* Paterson, NJ: Littlefield, Adams.

Quinn, C., Swaggart, B. L., & Myles, B. S. (1994). *Focus on Autistic Behavior, 9*(4), 1–13.

Reisman, F. K. (1972). *A guide to the diagnostic teaching of arithmetic.* Columbus, OH: Charles E. Merrill.

Reynolds, C. R., & Kamphaus, R. W. (1992). *Behavior Assessment System for Children* (BASC). Circle Pines, MN: American Guidance Services.

Rinner, L. (2000). *Asperger Syndrome and autism: Comparing sensory processing in daily life.* Unpublished master's thesis, University of Kansas, Lawrence.

Roberts, G. H. (1968). The failure strategies of third grade arithmetic pupils. *The Arithmetic Teacher, 15,* 442–446.

Rogers, M. F., & Myles, B. S. (2001). Using social stories and comic strip conversations to interpret social situations for an adolescent with Asperger Syndrome. *Intervention in School and Clinic, 36,* 310–313.

Rumsey, J. M. (1992). Neuropsychological studies of high-level autism. In E. Schopler & G. B. Mesibov (Eds.), *High-functioning individuals with autism* (pp. 41–64). New York: Plenum Press.

Safran, S. (2001). Asperger Syndrome: The emerging challenge to special education. *Exceptional Children, 67,* 151–160.

Schutt, P. W., & McCabe, V. M. (1994). Portfolio assessment for students with learning disabilities. *Learning Disabilities Quarterly, 5,* 81–85.

Semel, E., Wiig, E. H., & Secord, W. A. (1995). *Clinical Evaluation of Language Fundamentals* (3rd ed.). San Antonio, TX: Psychological Corp.

Shure, M. B. (1992). *I can problem solve: An interpersonal cognitive problem-solving program.* Champaign, IL: Research Press.

Siegel, D., Minshew, N., & Goldstein, G. (1996). Wechsler IQ profiles in diagnosis of high-functioning autism. *Journal of Autism and Developmental Disorders, 26,* 389–406.

Silvaroli, N. J. (1986). *Classroom Reading Inventory.* Dubuque, IA: Wm. C. Brown.

Skrtic, T. M., Kvam, N. E., & Beals, V. L. (1983). Identifying and remediating the subtraction errors of learning disabled adolescents. *The Pointer, 27,* 323–338.

Smith, I. (2000). Motor functioning in Asperger Syndrome. In A. Klin, F. Volkmar, & S. Sparrow (Eds.), *Asperger Syndrome* (pp. 97–124). New York: Guilford Press.

Smith, I., & Bryson, S. (1994). Imitation and action in autism: A critical review. *Psychological Bulletin, 116,* 259–273.

Sparrow, S., Balla, D., & Cicchetti, D. (1984). *Interview edition of the survey form manual: Vineland Adaptive Behavior Scales.* Circle Pines, MN: American Guidance Service.

Spivack, G., Platt, J. J., & Shure, M. (1976). *The problem-solving approach to adjustment.* San Francisco: Jossey-Bass.

Stanford, P., & Siders, J. A. (2001). Authentic assessment for intervention. *Intervention in School and Clinic, 36,* 163–167.

Sundbye, N. (2001). *Assessing the struggling reader: What to look for and how to make sense of it.* Lawrence, KS: Curriculum Solutions.

Sundbye, N., & McCoy, L. J. (1997). *Helping the struggling reader: What to teach and how to teach it.* Lawrence, KS: Curriculum Solutions.

Swaggart, B. L., Gagnon, E., Bock, S. J., Earles, T. L., Quinn, C., Myles, B. S., & Simpson, R. L. (1995). Using social stories to teach social and behavioral skills to children with autism. *Focus on Autistic Behavior, 10*(1), 1–16.

Swicegood, P. (1994). Portfolio-based assessment practices: The uses of portfolio assessment for students with behavioral disorders or learning disabilities. *Intervention in School and Clinic, 30,* 6–15.

Szatmari, P. (1991). Asperger's syndrome: Diagnosis, treatment, and outcome. *Psychiatric Clinics of North America, 14,* 81–93.

Thorndike, R. L., Hagen, E., & Sattler, J. (1985). *Stanford–Binet Intelligence Scale* (4th ed.). Chicago: Riverside.

Volkmar, F., & Klin, A. (2000). Diagnostic issues. In A. Klin, F. Volkmar, & S. Sparrow (Eds.), *Asperger Syndrome* (pp. 25–71). New York: Guilford Press.

Volkmar, F., Klin, F., & Cohen, D. (1997). Diagnosis and classification of autism and related conditions: Consensus and issues. In D. J. Cohen & F. R. Volkmar (Eds.), *Handbook of autism and pervasive developmental disorders* (pp. 5–40). New York: Wiley.

Wallace, G., & Hammill, D. (1994). *Comprehensive Receptive and Expressive Vocabulary Test.* Austin, TX: PRO-ED.

Wechsler, D. (1989). *Wechsler Preschool and Primary Scale of Intelligence–Revised.* San Antonio: Psychological Corp.

Wechsler, D. (1991). *Wechsler Intelligence Scale for Children* (3rd ed.). San Antonio, TX: Psychological Corp.

Wetherby, A., & Prizant, B. (2000). *Autism spectrum disorders: A transactional developmental perspective.* Baltimore: Brookes.

Wiig, E. H., & Secord, W. (1989). *Test of Language Competence–Expanded Edition.* San Antonio, TX: Psychological Corp.

Wilde, L. D., Koegel, L. K., & Koegel, R. L. (1992). *Increasing success in school through priming: A training manual.* Santa Barbara: University of California.

Williams, K. (2001). Understanding the student with Asperger Syndrome: Guidelines for teachers. *Intervention in School and Clinic, 36,* 287–292.

Winebrenner, S. (2001). *Teaching gifted kids in the regular classroom: Strategies and techniques every teacher can use to meet the academic needs of the gifted and talented.* Minneapolis, MN: Free Spirit.

Wing, L. (1981). Asperger's Syndrome: A clinical account. *Psychological Medicine, 11,* 115–130.

Wing, L. (1991). The relationship between Asperger's Syndrome and Kanner's autism. In U. Frith (Ed.), *Autism and Asperger Syndrome* (pp. 37–92). Cambridge, UK: Cambridge University Press.

World Health Organization. (1992). *International statistical classification of diseases and related health problems–Tenth revision.* Geneva, Switzerland: Author.

Zachman, L., Barrett, M., Huisingh, R., Orman, J., & Blagden, C. (1991). *Test of Problem Solving–Adolescent.* East Moline, IL: LinguiSystems.

Zachman, L., Huisingh, R., Barrett, M., Orman, J., & LoGiudice, C. (1994). *Test of Problem Solving–Elementary, Revised.* East Moline, IL: LinguiSystems.

國家圖書館出版品預行編目資料

亞斯伯格症：教育人員及家長指南／Brenda Smith Myles,
　Richard L. Simpson 作；楊宗仁，楊麗娟，張雯婷譯.
　--初版.-- 臺北市：心理, 2005（民 94）
　　　面；　公分. --（障礙教育系列；63049）
　參考書目：面
　譯自：Asperger syndrome: a guide for parents and educators,
　　　2nd ed.
　ISBN 978-957-702-759-7（平裝）

　1. 特殊教育－教學法　　2. 自閉症
529.6　　　　　　　　　　　　　　　　　　　　93024399

障礙教育系列 63049

亞斯伯格症：教育人員及家長指南

作　　者：B. S. Myles & R. L. Simpson
總 校 閱：楊宗仁
譯　　者：楊宗仁、張雯婷、楊麗娟
總 編 輯：林敬堯
發 行 人：洪有義
出 版 者：心理出版社股份有限公司
地　　址：231 新北市新店區光明街 288 號 7 樓
電　　話：(02) 29150566
傳　　真：(02) 29152928
郵撥帳號：19293172　心理出版社股份有限公司
網　　址：http://www.psy.com.tw
電子信箱：psychoco@ms15.hinet.net
駐美代表：Lisa Wu（lisawu99@optonline.net）
排 版 者：辰皓國際出版製作有限公司
印 刷 者：辰皓國際出版製作有限公司
初版一刷：2005 年 4 月
初版六刷：2018 年 9 月
I S B N：978-957-702-759-7
定　　價：新台幣 300 元